会计入门书

AN INTRODUCTION TO ACCOUNTING

桂 生 聂寒春⊙著

ACCOUNTING

一本与众不同的会计入门书

一本开篇即可了解会计全貌的书

中国市场出版社
China Market Press

图书在版编目（CIP）数据

会计入门书／桂生编著. —北京：中国市场出版社，2009. 8

ISBN 978 - 7 - 5092 - 0568 - 6

Ⅰ. 会…　Ⅱ. 桂…　Ⅲ. 会计学-基本知识　Ⅳ. F230

中国版本图书馆 CIP 数据核字（2009）第 095122 号

书　　名： 会计入门书
编　　著： 桂　生　聂寒春
责任编辑： 辛慧蓉
出版发行： 中国市场出版社
地　　址： 北京市西城区月坛北小街 2 号院 3 号楼（100837）
电　　话： 编辑部（010）68033042　读者服务部（010）68022950
发行部（010）68021338　68020340　68053489
68024335　68033577　68033539
经　　销： 新华书店
印　　刷： 河北省高碑店市鑫宏源印刷包装有限责任公司
规　　格： 787 × 1092 毫米　1/16　11. 5 印张　200 千字
版　　本： 2009 年 10 月第 1 版
印　　次： 2009 年 10 月第 1 次印刷
书　　号： ISBN 978 - 7 - 5092 - 0568 - 6
定　　价： 24. 80 元

前言

会计入门书

PREFACE

会计是一门理论和实践相结合的学问，它既有一定的理论知识，同时又有实践性。不了解会计理论是无法开展会计工作的；但不结合会计实践去学习会计理论，会计理论也是很难弄明白，当然也就无法做好会计工作。

本书结合会计实务操作来介绍会计基本知识，结合实际的会计情景来讲述会计理论。书中使用了许多实际的会计表格和凭证，尽量展现会计工作的原貌。

本书在内部编排上按照先易后难、先整体后局部的思路进行。具体内容安排如下：

☆首先，介绍会计要干什么；

☆其次，结合实例介绍会计的基本概念和处理程序；

☆再其次，介绍基本的账务处理方法；

☆再次，介绍企业纳税申报业务；

☆最后，介绍会计的基本原则。

这样，读者可以先了解会计的全貌，再逐个了解会计处理的各个细节，“先见森林，再见树木”，便于自学。

本书从内容上完全涵盖了《基础会计学》、《会计学原理》、《初级会计学》等同类图书。但又有别于这些图书。因为这些书籍的叙述与实际会计工作的情景结合得不够，致使读者学完后不能马上适应实际工作的环境；而且，这些图书一开始就介绍会计的基本原则等理论性很强的知识，让初学会计的读者很难理解和适应。

读者在第一遍阅读本书时，对于那些看不懂的地方可以先放一放（建议在书上或笔记本上作记录），等看完全书后再回头来看第二遍的时候，这些看不懂的地方自然也就明白了。

本书适合于那些急于想上手的准会计人员、初级会计工作者以及相关专业的学生阅读参考。

由于时间和经验所限，本书可能存在不妥之处，恳请读者批评指正。

作　者

2009年9月

目录

会计入门书

CONTENTS

第一章 会计能干什么

会计作为一门职业和学科已经为大家所熟悉。做会计得先学会计，这说明会计是有一定的理论的，那些想从事会计工作的人需要先了解一些会计的基本原理。

在学习会计原理和如何做会计之前，我们得先弄清楚会计有什么用，它能干什么。一般的会计书籍上都说，会计的职能为**会计核算**和**会计监督**，会计核算是会计监督的基础，会计监督是会计核算的保证。（这两个词对初学会计的人来说有一点晦涩，不太好懂，这是正常的。等学到后面再回头来看第二遍的时候，你自然就明白了。）

一、会计核算

会计核算是会计工作的基础。会计核算必须遵守《中华人民共和国会计法》和有关财会制度的规定。《中华人民共和国会计法》明确规定，下列事项必须办理会计手续，进行会计核算：

（1）**款项**和**有价证券**的收付；

（2）财物的收发、增减和使用；

（3）**债权**、**债务**的发生和**结算**；

（4）**资本**的增减；

（5）收入、支出、费用、成本的计算；

（6）**财务成果**的计算和处理；

（7）其他需要办理会计手续、进行会计核算的事项。

这里面有很多概念对初学会计的人来讲是陌生的，比如**款项**、**有价证券**、**债权**、**债务**、**结算**、**资本**、**财务成果**等。（这些词不要求读者在这里就明白，也不要求读者记住，只要求脑子里面能记得大概在什么地方出现过。等你把本书看完第一遍，再回头来看第二遍的时候，这些词语的意思也就很明白了。）这里需要解释一下“**核算**”这个词：**核算**就是当一笔经济业务（如购入原材料）发生时，会计人员需要进行的确认、计量活动（比如，购入原材料后，会计人员需要整理供应方开具的发票和自己公司的付款支票，在会计账簿中进行记录）。（呵呵，这里又出现了一个新名词——会计账簿，相关内容在本书的第二章第二节第一小节中有说明。你可以翻到那部分，先看看。）

下面来具体说说这七点的意思，以使读者有一个感性、直观的认识（你暂时不能完全理解也没有关系）：

1. 款项和有价证券的收付

款项是作为支付手段的货币资金，包括现金、银行存款等，比如企业销售商品会取得一定的收入，这些收入最终将以现金、银行存款的形式回到企业。有价证券是具有一定财产权利或者支配权利的票证，如股票、国库券、其他企业债券等。

款项的收付是经常发生的，在有的单位其发生额还很大。有价证券收付的频繁程度通常要低一些，但发生额一般都比较大。目前实际工作中存在的突出问题是，有的单位款项收付未纳入单位的统一核算，而是转入了“小金库”；或者单位资金管理失控，被非法挪用，甚至发生贪污、抽逃等问题。因此，必须加强对款项、有价证券的管理，建立健全内部控制制度。

2. 财物的收发、增减和使用

财物包括原材料、燃料、包装物、在产品、自制半成品、产成品、商品等流动资产和机器、机械、设备、运输工具、家具等固定资产。

财产物资在许多单位构成资产的主体，并在资产总额中占有很大比重。财物的收发、增减等，是会计核算中经常性的工作。有关的核算资料往往是单位内部进行考核、控制和降低成本费用的重要依据。此外，对财物的核算还对确保各种财产物资的安全、完整有着重要作用。对国有企业、行政事业单位来说，这也是保护国家财产的一个重要关口。但在有的国有单位，由于会计核算工作做得不好，账目混乱，核算的职能被大大削弱，经常发生国家财产被毁损、浪费，或者被不法分子侵吞的现象，造成了国有资产的浪费和严重流失。作为会计人员，应当加强对财产物资的核算和管理。

3. 债权、债务的发生和结算

债权是一个单位收取款项的权利，比如一个单位销售给其他单位一批货物而暂时没有收回的货款，或者为订购一批货物而在交货前预先向供应商支付的款项。债务则是一个单位需要以货币资金、商品或者劳务清偿的义务，比如单位从银行借款，或者因为赊账购入商品而欠其他单位的款项。需要说明的是，各单位都有很多经济交易不是一手交钱一手交货，因此必然产生债权和债务。当然，债权和债务的发生不全是因为这个原因，比如筹集资金（从银行借款）就是形成债务的另一个重要原因。

对债权、债务的发生和核算，涉及本单位与其他单位的经济利益，关系到本单位自身的资金周转。从法律层面讲，债务还决定一个企业的生存问题，因为到期不能清偿欠款可能导致企业破产。因此，债权、债务是会计核算的一项重要内容。有些单位由于不能正确、及时地办理债权、债务的会计核算，使单位的信誉和经济利益蒙受损失。

4. 资本的增减

资本是指企业所有者对企业的净资产的所有权，因此亦称所有者权益，具体包括实收资本、资本公积、盈余公积和未分配利润。

资本的利益关系人比较明确，用途也基本定向。对资本增减进行核算的政策性很强，一般都应以具有法律效力的合同、协议、董事会决议或政府部门的有关文件等为依据，切忌盲从单位领导人个人或其他指示人未经法定程序认可或未办理法定手续的任何处置意见。

5. 收支与成本费用的计算

收入是一个单位由于销售商品，为他人或其他单位提供劳务、服务或提供资产的使用权（比如出租自己的闲置不用的房屋）等而取得的现金、银行存款或收取这些款项的权利。支出是一个单位实际发生的各项开支或损失。费用是指企业或者单位因生产、经营和管理活动而发生的各项耗费和支出。成本一般仅限于企业在生产产品、购置商品和提供劳务或服务中所发生的各项直接耗费，如材料费用、支付给生产工人的工资、支付给车间生产管理人员的工资，以及支付的燃料、动力等其他直接费用。

收入、支出、费用、成本都是计算一个单位经营成果及衡量其盈亏情况的主要依据。在实际工作中，有虚报收入（人为压低或拔高）、虚列支出和乱挤乱摊成本、费用等问题。会计人员有责任制止和纠正这种现象的发生。

6. 财务成果的计算和处理

财务成果具体表现为一个单位是盈利或是亏损。

财务成果的计算和处理，包括利润的计算、所得税的计缴和利润的分配（或亏损的弥补）等，这个环节上的会计核算主要涉及所有者和国家的利益。在实际工作中，主要存在的问题是“虚盈实亏”和“虚亏实盈”，一般视单位的所有制性质而异，其共同特点是损害国家或社会公众利益，是一种严重的违法行为。

7. 其他会计事项

其他会计事项是指在上述六项会计核算内容中未能包括的、按有关法律法规或会计制度的规定，或根据单位的具体情况需要办理会计手续和进行会计核算的事项。单位在有这类事项时，应当按照各有关法律、法规或者会计制度的规定，认真、严格办理有关会计手续，进行会计核算。

二、会计监督

根据《中华人民共和国会计法》和其他有关会计法规的规定，会计人员进行会计监督的对象和内容是本单位的经济活动。具体内容包括：

（1）对**会计凭证**、**会计账簿**和**会计报表**等会计资料进行监督，以保证会计资料的真实、准确、完整、合法；（会计凭证包括记账凭证和原始凭证，在本书第二章第二节的第二小节中有说明。读者可以先翻看那部分，先看看它们长什么模样。）

（2）对各种财产和资金进行监督，以保证财产、资金的安全、完整与合理使用；

（3）对财务收支进行监督，以保证财务收支符合财务制度的规定；

（4）对经济合同及其他重要经营管理活动进行监督，以保证经济管理活动的科学、合理；

（5）对**成本费用**进行监督，以保证用尽可能少的投入，获得尽可能多的产出；

（6）对**利润**的实现与分配进行监督，以保证按时上缴税金和进行利润分配，等等。

（这里面有很多词不太好理解，读者不用着急，在这里就需要知道有这么一回事就可以，等读到后面也就自然明白了。）

三、举几个例子

上面是大段的文字说明，很多读者也许难以理解，看起来可能有点犯困。下面换一种形式，举几个例子来说明会计能干什么。

（一）提供会计报表和会计信息

具体来说，一个公司在经营了一年后，老板肯定想知道这一年公司是盈利了还是亏本了，公司到底有多少现金和银行存款，别人还欠公司多少货款没有收回来，公司有多少固定资产，公司欠银行多少钱，公司还欠别人多少钱；公司这一年有多少利润，这些利润都是从哪里来的，都是哪些经营活动或产品产生的；公司的这些利润有多少已经实现了，变成了实实在在的银行存款和现金，而不是账面上（纸上）的利润。

上面这些指标对老板和管理者来说是极其重要的。比如，老板若是知道哪些业务投入少而利润高的话，他就可以在以后的经营中采取措施巩固这些业务；而对那些效益不太好的业务，或者采取措施进行改进，或者就停下来不做了。又比如，管理者在了解了本年哪些单位买了公司多少商品，哪些人欠了公司多少钱后，就可以针对不同客户采取不同的销售政策，对那些信用好、业务量大的单位给予一定优惠和照顾，从而鼓励交易。

公司赚了钱，就应该进行分配。计算每个员工应该得多少，是很重要的。老板应该根据每个员工为工作所作贡献的大小来进行分配，贡献大的多拿，贡献小的应该少拿，这样有利于激发员工的积极性。

会计报表和相关的会计账簿能给公司老板和管理者提供上面的信息。会计报表包括资产负债表、利润表和现金流量表等；会计账簿包括总分类账和明细分类账。

下面是几个会计报表：

1. 资产负债表

资产负债表

编制单位：××公司　　　200×年×月×日　　　单位：元

资产	期末余额	年初余额	负债和所有者权益（或股东权益）	期末余额	年初余额
流动资产：			**流动负债：**		
货币资金	281 670.20		短期借款	184 000.00	
交易性金融资产			交易性金融负债		
应收票据	10 000.00		应付票据		
应收账款	50 000.00		应付账款	780 80.00	
预付款项	30 000.00	（略）	预收款项		（略）
应收利息			应付职工薪酬	20 000.00	
应收股利			应交税费	54 322.00	
其他应收款			应付利息	3 500.00	
存货	1 205 381.00		应付股利		
一年内到期的非流动资产			其他应付款		

续表

资 产	期末余额	年初余额	负债和所有者权益（或股东权益）	期末余额	年初余额
其他流动资产			一年内到期的非流动负债		
流动资产合计	1 577 051.20		其他流动负债		
非流动资产：			流动负债合计	339 902.00	
可供出售金融资产			**非流动负债：**		
持有至到期投资			长期借款	1 200 000.00	
长期应收款			应付债券		
长期股权投资			长期应付款		
投资性房地产			专项应付款		
固定资产	2 873 000.00		预计负债		
在建工程			递延所得税负债		
工程物资			其他非流动负债		
固定资产清理		（略）	非流动负债合计	1 200 000.00	（略）
生产性生物资产			负债合计	1 539 902.00	
油气资产			**所有者权益（或股东权益）：**		
无形资产	200 000.00		实收资本（或股本）	3 000 000.00	
开发支出			资本公积		
商誉			减：库存股		
长期待摊费用			盈余公积	15 735.60	
递延所得税资产			未分配利润	94 413.60	
其他非流动资产			所有者权益（或股东权益）合计	3 110 149.20	
非流动资产合计	3 073 000.00				
资产总计	4 650 051.20		负债和所有者权益（或股东权益）总计	4 650 051.20	

（读者看到这个表的时候，可能会有点晕，这么多的项目，也不知道它们是什么，代表着什么意思，更不知道它们是怎么来的。没有关系，等我们学完了本书就会知道它们是怎么来的，代表什么意思。下面简单地说明一下资产负债表这个庞然大物。）

上面这个资产负债表，分为左右两部分，双竖线的左边三栏表示的是公司的资产，通俗地说是就是公司的家当；双竖线的右边三栏分为上下两个部分，上面表示的是公司的负债（包括流动负债和非流动负债），通俗地讲就是公司欠别人的，下面表示的是公司的所有者权益，通俗地讲就是公司的家当减去欠别人的后所剩下的属于公司自己的部分。比如，老板要想知道年底公司有多少现金和银行存款，看看资产负债表的流动资产下的“货币资金”项目就知道了，这个项目就表示公司的现金和银行存款的数量。与“货币资金”项目类似的那些项目叫做资产负债表项目。

其中，“应收账款”项目表示的是公司因为销售商品等活动，别的单位在购买商品后没有支付货款而欠本公司的款项。资产负债表中“应收账款”项目只能告诉大家，别的单位欠本公司的款项总数，不能告诉大家都是什么单位欠本公司的，各欠多少。要知道这些信息，便需要借助明细分类账（第二章将会详细解释）。

2. 利润表

利　润　表

编制单位：　　　　　　200×年×月　　　　　　单位：元

项　　目	本期金额	上期金额
一、营业收入	12 500 000	
减：营业成本	8 500 000	
营业税金及附加	550 000	
销售费用	200 000	
管理费用	1 050 000	
财务费用	1 000 000	
资产减值损失		
加：投资收益（损失以“－”号填列）	3 200 000	（略）
二、营业利润（亏损以“－”号填列）	4 400 000	
加：营业外收入	2 850 000	
减：营业外支出	2 000 000	
三、利润总额（亏损总额以“－”号填列）	5 250 000	
减：所得税费用	1 800 000	
四、净利润（净亏损以“－”号填列）	3 450 000	

利润表表示的是公司的收入和支出的情况，其中的“四、净利润”反映的是公司在一段时期内的盈利或亏损的情况。（读者现在看不懂这个表是正常的，没有关系，等学完本书后再回来看的时候基本上就能知道是怎么回事了。）

3. **现金流量表**

现 金 流 量 表

编制单位： 200×年度 单位：元

项 目	本期金额	上期金额
一、经营活动产生的现金流量：		
销售商品、提供劳务收到的现金	1 260 000	
收到的税费返还	70 000	
收到的其他与经营活动有关的现金		
经营活动现金流入小计	1 330 000	
购买商品、接受劳务支付的现金	530 000	
支付给职工以及为职工支付的现金	50 000	
支付的各项税费	420 000	
支付的其他与经营活动有关的现金	100 000	
经营活动现金流出小计	1 100 000	
经营活动产生的现金流量净额	230 000	
二、投资活动产生的现金流量：		
收回投资所收到的现金	450 000	
取得投资收益所收到的现金	60 000	
处置固定资产、无形资产和其他长期资产所收回的现金净额	45 000	
处置子公司及其他营业单位收到的现金净额		
收到的其他与投资活动有关的现金		
投资活动现金流入小计	555 000	（略）
购建固定资产、无形资产和其他长期资产所支付的现金	300 000	
投资所支付的现金		
取得子公司及其他营业单位支付的现金净额		
支付的其他与投资活动有关的现金		
投资活动现金流出小计	300 000	
投资活动产生的现金流量净额	255 000	
三、筹资活动产生的现金流量：		
吸收投资所收到的现金		
借款所收到的现金	200 000	
收到的其他与筹资活动有关的现金		
筹资活动现金流入小计	200 000	
偿还债务所支付的现金	100 000	
分配股利、利润或偿付利息所支付的现金	35 000	
支付的其他与筹资活动有关的现金		
筹资活动现金流出小计	135 000	
筹资活动产生的现金流量净额	65 000	
四、汇率变动对现金的影响		
五、现金及现金等价物净增加额	550 000	
加：期初现金及现金等价物余额	100 000	
六、期末现金及现金等价物余额	650 000	

（如何得到上面这些会计报表，这正是会计需要完成的任务，本书将慢慢地阐述这个问题。）

（二）提供纳税依据

企业应该按照国家税法的规定纳税。纳税是每一个公民和企业应尽的义务。企业纳税包括两部分，一是企业自己应该交的那部分税，二是企业代扣代缴的税。前者包括增值税、营业税等（呵呵，什么是增值税、营业税，估计读者也不太明白，没关系，本书后面第五、六章将详细介绍）；后者包括代扣代缴个人所得税等。

下面是企业的增值税纳税申报表，表中的各项数字也是通过会计核算得出的。

增值税纳税申报表

（适用于小规模纳税人）

根据《中华人民共和国增值税暂行条例》第二十二条及第二十三条的规定：纳税人不论有无销售额，均应按主管税务机关核定的纳税期限按期填报本表，并于次月一日起十日内，向当地税务机关申报。

纳税人识别号																				增值税纳税类型： 所属行业：

电脑编码：

纳税人名称（公章）：A公司　　　　金额单位：元（列至角分）

税款所属期：20××年1月1日至20××年1月31日　　填表日期：20××年2月5日

	项目	税目、征收率	栏次	本月数	本年累计
一、计税依据	（一）应征增值税货物及劳务不含税销售额		1		
	其中：税务机关代开的增值税专用发票不含税销售额		2		
	税控器具开具的普通发票不含税销售额		3		
	（二）销售使用过的应税固定资产不含税销售额		4		
	其中：税控器具开具的普通发票不含税销售额		5		
	（三）免税货物及劳务销售额		6		
	其中：税控器具开具的普通发票销售额		7		
	（四）出口免税货物销售额		8		
	其中：税控器具开具的普通发票销售额		9		

续表

<table>
<tr><td rowspan="6">二、税款计算</td><td>项目</td><td>税目、征收率</td><td>栏次</td><td>本月数</td><td>本年累计</td></tr>
<tr><td>本期应纳税额</td><td></td><td>10</td><td></td><td></td></tr>
<tr><td>本期应纳税额减征额</td><td></td><td>11</td><td></td><td></td></tr>
<tr><td>应纳税额合计</td><td></td><td>12 = 10 − 11</td><td></td><td></td></tr>
<tr><td>本期税务机关代开的增值税专用发票预缴税额</td><td></td><td>13</td><td></td><td></td></tr>
<tr><td>本期应补（退）税额</td><td></td><td>14 = 12 − 13</td><td></td><td></td></tr>
<tr><td colspan="2" rowspan="4">纳税人或代理人声明：
此纳税申报表是根据国家税收法律的规定填报的，我确定它是真实的、可靠的、完整的。</td><td colspan="4">如纳税人填报，由纳税人填写以下各栏：</td></tr>
<tr><td colspan="4">办税人员（签章）：　　　　财务负责人（签章）：
法定代表人（签章）：　　　　联系电话：</td></tr>
<tr><td colspan="4">如委托代理人填报，由代理人填写以下各栏：</td></tr>
<tr><td colspan="4">代理人名称：　　　　经办人（签章）：　　　　联系电话：
代理人（公章）：</td></tr>
</table>

受理人：　　　　受理日期：　　年　月　日　　　　受理税务机关（签章）：

（本表一式三份，一份纳税人留存，一份主管税务机关留存，一份征收部门留存）

第二章

会计怎么干

——一个基本流程和一些基本知识

第一节　一个简单的会计流程

在第一章中，我们介绍过会计能干什么，即会计核算和会计监督，可以提供各类反映企业财务状况的会计报表，可以为企业纳税提供依据，等等。前面介绍过，会计核算包括以下内容：

（1）**款项**和**有价证券**的收付；

（2）财物的收发、增减和使用；

（3）**债权、债务**的发生和**结算**；

（4）**资本**的增减；

（5）收入、支出、费用、成本的计算；

（6）**财务成果**的计算和处理；

（7）其他需要办理会计手续、进行会计核算的事项。

上面的这些工作通过什么样的程序才能完成呢？换句话说，就是会计工作的程序是什么？在实际工作中，先有经济业务的发生，如何证明和记录经济业务的发生呢？在会计工作中就是填制原始凭证；接着要把原始凭证用会计语言进行描述，因此我们必须借助记账凭证；记账凭证中的会计信息是零散的、不系统的，我们需要把会计信息进行系统总结，因此我们需要会计账簿；对于外部使用者来说，他是不可能去查阅大量分散的会计账簿的，因此我们需要编制会计报表。

为了方便说明问题，我们采取“报表—账簿—记账凭证—原始凭证”的思路来介绍，目的是让读者了解会计的简单工作流程。

1. 下面是某企业20××年12月31日的会计报表——资产负债表：

资产负债表

编制单位：××公司　　　　20××年12月31日　　　　单位：元

资产	期末余额	年初余额	负债和所有者权益（或股东权益）	期末余额	年初余额
流动资产：			**流动负债：**		
货币资金	281 670.20		短期借款	184 000.00	
交易性金融资产			交易性金融负债		
应收票据	10 000.00		应付票据		
应收账款	50 000.00		应付账款	780 80.00	
预付款项	30 000.00		预收款项		

续表

资　产	期末余额	年初余额	负债和所有者权益（或股东权益）	期末余额	年初余额
应收利息			应付职工薪酬	20 000.00	
应收股利			应交税费	54 322.00	
其他应收款			应付利息	3 500.00	
存货	1 205 381.00		应付股利		
一年内到期的非流动资产			其他应付款		
其他流动资产			一年内到期的非流动负债		
流动资产合计	1 577 051.20		其他流动负债		
非流动资产：			流动负债合计	339 902.00	
可供出售金融资产			**非流动负债：**		
持有至到期投资			长期借款	1 200 000.00	
长期应收款			应付债券		
长期股权投资			长期应付款		
投资性房地产		（略）	专项应付款		（略）
固定资产	2 873 000.00		预计负债		
在建工程			递延所得税负债		
工程物资			其他非流动负债		
固定资产清理			非流动负债合计	1 200 000.00	
生产性生物资产			负债合计	1 539 902.00	
油气资产			**所有者权益（或股东权益）：**		
无形资产	200 000.00		实收资本（或股本）	3 000 000.00	
开发支出			资本公积		
商誉			减：库存股		
长期待摊费用			盈余公积	15 735.60	
递延所得税资产			未分配利润	94 413.60	
其他非流动资产			所有者权益（或股东权益）合计	3 110 149.20	
非流动资产合计	3 073 000.00				
资产总计	4 650 051.20		负债和所有者权益（或股东权益）总计	4 650 051.20	

2. 上面资产负债表中的数字是如何得到的呢？它是从该企业总分类账（户）和明细账（户）得到的。以表中的应收账款项目为例来说明，其总分类账如下：

总分类账

科目名称：应收账款

20××年		凭证编号	摘要	借方	贷方	借或贷	余额
月	日						
12	1		期初余额			借	50 000
	4	转 1201	货款尚未收回	8 775		借	58 775
	4	转 1202	货款尚未收回	8 775		借	67 550
	24	银收 1207	收回欠款		7 550	借	60 000
	24	转 1209	票据抵欠款		10 000	借	50 000
			本期发生额及余额	17 550	17 550	借	50 000

注：与实际表格有一点点不同，实际格式见本章第二节的“一”之“（四）”。

上面的总分类账就是会计的“三栏式”账薄，读者可能不太明白其中的意思，所谓“三栏”就是“借方”、“贷方”以及“余额”三栏。

3. 上述总分类账中的“转 1201”、“转 1202”、“银收 1207”和“转 1209”分别指以下记账凭证：

转账凭证

20××年 12 月 4 日　　转字第 1201 号

摘　要	总账科目	明细科目	✓	借方金额	✓	贷方金额
已售商品货款和税款尚未收回	应收账款	华堂商场		8 775		
	主营业务收入	B 产品				7 500
	应交税费	应交增值税——销项税额				1 275
合　计				8 775		8 775

附单据　张

会计主管　记账　出纳　审核　制单

转账凭证

20××年 12 月 4 日　　转字第 1202 号

摘　要	总账科目	明细科目	✓	借方金额	✓	贷方金额
已售商品货款和税款尚未收回	应收账款	宏大公司		8 775		
	主营业务收入	B 产品				7 500
	应交税费	应交增值税——销项税额				1 275
合　计				8 775		8 775

附单据　张

会计主管　记账　出纳　审核　制单

收款凭证

借方科目 银行存款　　　　20××年12月24日　　　　银收字第1207号

摘　要	贷方总科目	明细科目	记账符号	金　额
收回前欠货款	应收账款	宏大公司		7 550
合　计				7 550

附单据　　张

转账凭证

20××年12月24日　　　　转字第1209号

摘　要	总账科目	明细科目	✓	借方金额	✓	贷方金额
收到商业汇票抵原欠款	应收票据			10 000		
	应收账款	华堂商场				10 000
合　计				10 000		10 000

会计主管　　记账　　出纳　　审核　　制单

注：与实际表格有一点点不同，实际格式见本章第二节的“二”之“(三)”。

上面的记账凭证中有几个名词，读者可能不太理解，比如“借方”、“贷方”、“明细科目”。这些在本章第二节中的“复式记账”和“会计科目”中有进一步的介绍。有关记账凭证，本章第二节之“二”中将详细介绍。

4. 上面这几张记账凭证是用会计语言对经济业务所进行的描述，其表示的**经济业务**（请读者结合下面三笔经济业务的具体内容，好好琢磨下“经济业务”这个词）分别是：

（1）12月4日，公司向华堂商场、宏大公司销售B产品各50件，每件不含税单价150元，增值税税率17%，款项尚未收到。

（2）12月24日，收到宏大公司的转账支票一张，用于支付其前欠货款7 550元，支票已交存开户银行。

（3）12月24日，收到华堂商场交来的银行承兑汇票一张，用于抵付其前欠部分货款10 000元。

5. 这些经济业务也不能口说无凭，必须记录在一定的媒介上。而且这种记录在形式上和程序上必须遵循法律、法规和财务制度的规定，才能作为经济业务发生的证明。这种证明就是原始凭证（有关原始凭证，本章第二节之“二”将详细介绍）。

上面的“1—2—3—4—5”是从结果到源头的一个逆向过程，本书之所以这样描述，是为了让读者很快地了解会计是如何干的。在实际工作中，先有经济业务和原始凭证，再填制记账凭证，再登记总分类账和明细分类账，最后编制会计报表。上面程序是一个简单的会计处理流程，如图 2－1 所示。

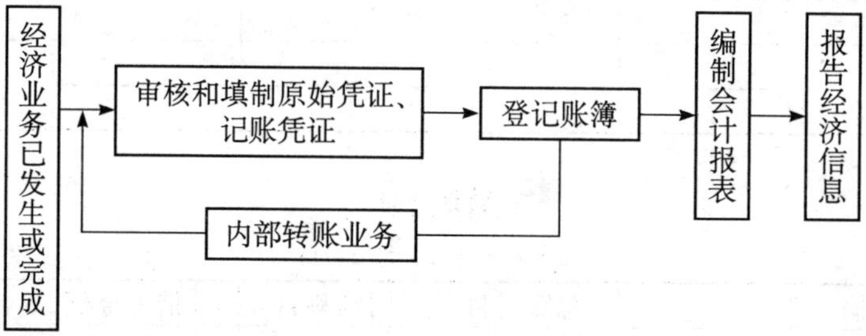

图 2－1　会计处理程序

会计核算包括以下工作：设置会计科目和账户；复式记账；审核和填制原始凭证、记账凭证；登记账簿；成本计算；财产清查；编制会计报表（本书将在第四章详细讲述会计处理流程）。

第二节　会计核算的一些基本知识

前面已经说过会计能干什么，会计的主要职能就是核算和监督。

会计核算什么呢？也就是说会计对象是什么呢？从前面会计核算的七项内容可以看出，会计核算的对象是资金。什么是资金？资金是社会再生产过程中各项财产物资的货币表现以及货币本身，上节中所述的经济业务的核算也都是对资金的核算（华堂商场、宏大公司欠公司的货款；宏大公司 7 550 元的转账支票；华堂商场交来10 000 元的银行承兑汇票）。会计对象就是资金运动。

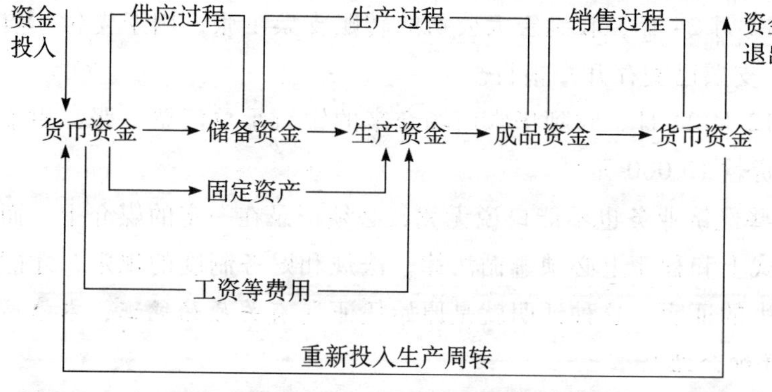

图 2－2　工业企业的资金运动过程

图 2－2 描述的是一个工业企业的资金运动过程。

工业企业首先要用货币资金去购买材料物资为生产产品做准备，生产出产品后还要对外销售，售后还应收回已售产品的收入。这样工业企业的资金就相继经过供应过程、生产过程和销售过程。

在这一运动过程的不同阶段，资金的形态也在发生变化，用货币购买材料物资的时候，货币资金转化为储备资金（材料物资等所占用的资金）；车间生产产品领用材料物资时，储备资金又转化为生产资金（生产过程中各种在产品所占用的资金）；将加工完的产品验收入库后，生产资金又转化为成品资金（待售产成品或自制半成品占用的资金）；将产品出售又收回货币资金时，成品资金又转化为货币资金。

工业企业的资金在供、产、销三个阶段不断地循环周转，这些资金在空间序列中同时并存，在时间序列上依次继起。就整个资金运动而言，还应包括资金的投入和资金的退出：（1）资金的投入包括所有者股东（俗称老板）的资金投入和债权人（比如银行）的资金投入；（2）资金的退出包括返还投资者的投资或向所有者分配利润、偿还各项债务（比如偿还银行的借款）等内容，这使一部分资金离开企业，游离于企业资金运动之外。

综上所述，工业企业因资金的投入、循环周转和退出等经济活动而引起的各项资源的增减变化，各项成本费用的形成和支出，各项收入的取得以及损益的发生、实现和分配，共同构成了会计对象的内容。

一、会计记账应该记什么？记在哪？

请读者先看以下几个例题（本书中的例题为2005—2008 年各地会计从业资格考试的真题）：

（1）下列属于反映企业经营成果的会计要素是(　　)。

A. 资产　　B. 所有者权益　　C. 费用　　D. 负债

（2）资产的特征是(　　)。

A. 过去的交易或事项形成

B. 企业日常活动形成的经济利益的总流入

C. 企业拥有或控制的

D. 确认一切可能发生的损失

（3）不需要在会计账簿扉页上的启用表中填列的内容是(　　)。

A. 账簿页数　　B 记账人员　　C. 账户名称　　D. 启用日期

(4) 下列表述中属于总账特点的是(　　)。

A. 提供详细核算指标

B. 提供概括核算指标

C. 只使用货币计量单位

D. 必要时还需要实物或时间计量单位

答案：(1) C　(2) ACD　(3) C　(4) BC

会计核算是会计监督的基础。会计工作在实际中也叫记账、算账、报账，因此我们必须弄清楚会计必须记什么。前面说过，会计核算和监督的对象是资金运动。资金是一个很笼统、抽象的概念，我们必须将这个概念进行细分，进行科学分类，才能提供一些有用的会计信息。

因此，在这里我们提出几个概念：会计要素、会计科目、会计账户、会计账簿等。

(一) 会计要素

按照会计对象性质的不同，将其分为六大会计要素。

我国的《企业会计准则——基本准则》(财政部发布的规章)，严格定义了资产、负债、所有者权益、收入、费用和利润这六大会计要素。这六大会计要素又可以分为两大类，即反映财务状况的会计要素和反映经营成果的会计要素。其中，反映财务状况的会计要素包括资产、负债和所有者权益；反映经营成果的会计要素包括收入、费用以及利润。

(1) 资产是指企业过去的交易或者事项形成的、由企业拥有或者控制的、预期会给企业带来经济利益的资源。(如前所述，12月24日，收到宏大公司的转账支票一张，用于支付其前欠货款7 550元，支票已交存公司开户银行，公司银行存款将增加7 550元。其中，公司增加的银行存款就是资产)。过去的交易或者事项包括购买、生产、建造行为或其他交易或者事项；由企业拥有或者控制，是指企业享有某项资源的所有权，或者虽然不享有某项资源的所有权，但该资源能被企业所控制；预期会给企业带来经济利益，是指直接或者间接导致现金和现金等价物流入企业的潜力。(这六个定义有点难懂，读者看不太懂也没关系，待看完本书后再回头学习，就比较好理解了。)

(2) 负债是指企业过去的交易或者事项形成的、预期会导致经济利益流出企业的现时义务。现时义务是指企业在现行条件下已承担的义务，如企业向银行的借款。

(3) 所有者权益是指企业资产扣除负债后由所有者享有的剩余权益。公司的所有者权益又称为股东权益。所有者权益的来源包括所有者投入的资本、直接计入所有者权益的利得和损失、留存收益（包括盈余公积和未分配利润，见第三章第五节）等（这几个概念不好理解，可以先放放）。

（4）收入是指企业在日常活动中形成的、会导致所有者权益增加的、与所有者投入资本无关的经济利益的总流入。收入只有在经济利益很可能流入从而导致企业资产增加或者负债减少、且经济利益的流入额能够可靠计量时才能予以确认（如前面所述，12 月 4 日，公司向华堂商场、宏大公司销售 B 产品各 50 件，每件不含税单件 150 元，增值税税率 17%，款项尚未收到。其中的 $50 \times 150 = 7\ 500$ 元为收入）。

（5）费用是指企业在日常活动中发生的、会导致所有者权益减少的、与向所有者分配利润无关的经济利益的总流出。企业为生产产品、提供劳务等发生的可归属于产品成本、劳务成本等的费用，应当在确认产品销售收入、劳务收入时，将已销售产品、已提供劳务的成本等计入当期损益。

（6）利润是指企业在一定会计期间的经营成果，包括收入减去费用后的净额、直接计入当期利润的利得和损失等。利润金额取决于收入和费用、直接计入当期利润的利得和损失金额的计量。

把会计对象划分为会计要素，在会计核算中具有十分重要的作用。

第一，会计要素是对会计对象的科学分类。会计对象的内容是多种多样、错综复杂的，为了科学、系统地对其进行核算和监督，必须对它们进行分类，然后按类设置账户并记账。没有这种分类，就没法登记会计账簿，也就不能实现会计职能了。

第二，会计要素是构成会计报表的基本框架。会计报表是提供会计信息的基本手段，会计报表应该提供一系列指标，这些指标主要是由会计要素构成的，会计要素是会计报表框架的基本构成内容。（读者可以回过头去看看本章第一节的资产负债表、利润表。）

（二）会计科目

想要了解一个企业拥有或控制的经济资源有多少，承担多少债务，投资人的权益是多少，以及一定时期内企业取得多少收入，发生多少耗费，实现多少利润等信息，可以通过前述各项会计要素所提供的资料来实现。然而，会计信息使用者在决策过程中，除了需要上述的概括资料外，往往还需要详细的资料。例如，在掌握了企业有多少资产、负债和所有者权益后，还需要知道企业都有些什么资产，企业的债务构成如何，所有者权益是怎样组成的，等等。这样，按照会计要素分类核算提供的资料就满足不了会计信息使用者的需要。于是，就**需要在会计要素的基础上进行再分类**，以便分门别类地核算，提供信息使用者所需的会计信息。

而且，对会计核算来说，上面的六个会计要素还是显得太抽象，初学者还是不知道如何记账，把账记在哪里？因此我们把会计的六大要素继续细分成会计科目，具体如下表所示。

会计科目表

编　号	会计科目	编　号	会计科目
	一、资产类		二、负债类
1001	库存现金	2001	短期借款
1002	银行存款	2201	应付票据
1101	交易性金融资产	2202	应付账款
1121	应收票据	2203	预收账款
1122	应收账款	2211	应付职工薪酬
1123	预付账款	2221	应交税费
1131	应收股利	2232	应付股利
1221	其他应收款	2241	其他应付款
1231	坏账准备	2411	预提费用
1401	材料采购	2501	长期借款
1402	在途物资	2502	应付债券
1403	原材料	2701	长期应付款
1404	材料成本差异	2801	预计负债
1405	库存商品		三、所有者权益类
1412	包装物	4001	实收资本
1413	低值易耗品	4002	资本公积
1471	存货跌价准备	4101	盈余公积
1481	待摊费用	4103	本年利润
1511	长期股权投资	4104	利润分配
1512	长期股权投资减值准备		四、成本类
1601	固定资产	5001	生成成本
1602	累计折旧	5101	制造费用
1603	固定资产减值准备		五、损益类
1604	在建工程	6001	主营业务收入
1606	固定资产清理	6051	其他业务收入
1701	无形资产	6101	公允价值变动损益
1702	累计摊销	6111	投资收益
1703	无形资产减值准备	6301	营业外收入
1801	长期待摊费用	6401	主营业务成本
1901	待处理财产损溢	6402	其他业务成本

续表

编 号	会计科目	编 号	会计科目
6403	营业税金及附加	6701	资产减值损失
6601	销售费用	6711	营业外支出
6602	管理费用	6801	所得税费用
6603	财务费用		

（各会计科目的含义是什么呢？这个问题在本书第三章中将详细介绍。细心的读者可能会发现会计科目表中的分类与六大会计要素并不一一对应。）

为了会计核算的需要，在实际工作中企业还需要对上面的会计科目再做更细的分类，我们把更细分的科目称为明细科目，上表中的科目称为总分类科目（也叫一级科目）。有的时候明细科目太多，需要在总分类科目和明细科目之间增设二级科目。我们以总分类科目中的原材料（科目编号：1403）为例来说明三级科目之间的关系，具体见表 2－1：

表 2－1　　三级会计科目的关系

总分类科目	明细分类科目	
（一级科目）	二级科目（子目）	明细科目
原材料	主要材料	甲材料
		乙材料
	辅助材料	A 材料
		B 材料

（三）会计账户

光有会计科目，我们还是不能很好地完成记账工作。**经济业务发生后，我们把它记在哪？**仅仅是在会计科目下面写个数字吗？这个数字包括哪些内容？是把一段时间内的增加数与减少数分别记下来，还是仅仅记一个合计数？除了数额外，还要记其他的东西吗？在回答这些问题之前，我们先来了解会计科目与会计账户的区别与联系。

1. 会计科目与会计账户

会计科目是会计账户的名称，同时也是各单位设置账户的一个重要依据。会计账户是根据会计科目开设的，账户的名称就是会计科目。

会计科目与会计账户的主要区别如表 2－2 所列示：

表 2-2　　会计科目与会计账户的比较

	会计科目	会计账户
含义	会计科目通常是由国家统一规定，是各单位设置账户、处理账务必须遵循的依据	账户由各会计主体自行设置，是会计核算的一个重要工具
作用	会计科目只表明某项经济内容，仅仅是对会计要素具体内容进行分类的项目名称	账户不仅表明与会计科目相同的经济内容，而且还具有一定的结构、格式，并通过其结构反映某项经济内容的增减变动情况

2. 会计账户的结构

账户是用来记录经济业务的具体情况的，反映会计要素的具体内容增减变化及其结果。不管会计要素的具体内容是什么，从数量上看不外乎**增加**和**减少**两种情况。所以，用来记录企业在某一会计期间内各种有关数据的账户，在结构上就应分为两方，即左方和右方。一方登记增加数，另一方则登记减少数。至于哪一方登记增加，哪一方登记减少，则由所采用的记账方法（有关记账方法，在介绍复式记账和借贷记账法时会涉及）和所记录的经济内容而决定。这就是账户的基本结构。这一基本结构，不会因企业实际所使用的账户具体格式（即使用什么样的账簿）的不同而发生变化。

当然，对于一个完整的账户而言，除了必须有反映增加数和减少数的两栏外，还应包括其他栏目，以反映其他相关内容。一个完整的账户结构应包括：（1）账户名称，即会计科目；（2）会计事项发生的日期；（3）摘要，即经济业务的简要说明；（4）凭证号数，即表明账户记录的依据；（5）金额，即增加额、减少额和余额。为了说明问题和便于学习，在会计教学中，我们通常用一条水平线和一条将水平线平分的垂直线来表示账户，称“T”形账户（亦称 T 字账户），其格式如图 2-3 所示：

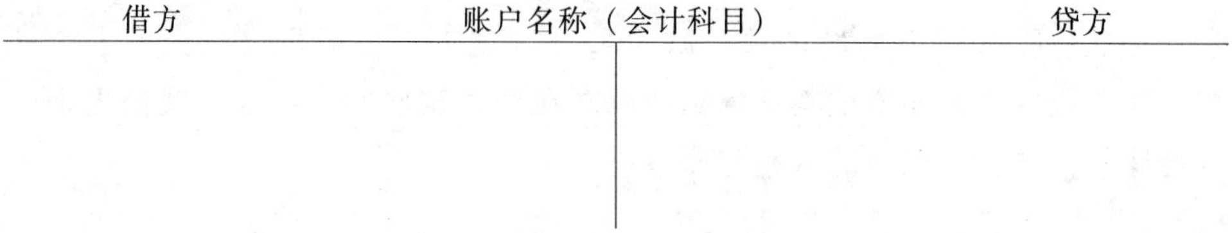

图 2-3　T 字账户的格式

每个账户一般有四个金额要素，即期初余额、本期增加发生额、本期减少发生额和期末余额。一定期间记录到账户增加方的数额合计，称为增加发生额；记录到账户减少方的数额合计，称为减少发生额。正常情况下，账户四个数额之间的关系如下：

> 账户期末余额＝账户期初余额＋本期增加发生额－本期减少发生额

账户本期的期末余额转入下期，即为下期的期初余额。每个账户的本期发生额反映的是该类经济内容在本期内变动的情况，而期末余额则反映变动的结果。例如，某企业在某一期间“银行存款”账户的记录如下：

借方	银行存款	贷方	
期初余额	10 000		
本期增加发生额	8 000	本期减少发生额	11 000
期末余额	7 000		

根据上述账户的记录，可知企业期初在银行的存款为10 000元，本期增加了8 000元，本期减少了11 000元，到期末，企业还有7 000元余额。

3．会计账户的分类

将会计对象的具体内容按照一定的标准进行分类，可划分为资产、负债、所有者权益、收入、费用和利润六个会计要素。账户则是对会计要素的再分配。于是，作为连续、系统地记录会计对象的账户，就相应地设置成六大类。然后，再根据每一类的具体内容、特点和管理要求，分别设置若干个账户，每个账户都记录某一特定的经济内容，具有一定的结构和格式。

（1）资产类账户。资产类账户是用来反映和监督各种资产（包括各种资产、债权和其他权利）增减变动和结果的账户。例如，“库存现金”、“银行存款”、“应收账款”、“原材料”、“库存商品”、“固定资产”、“无形资产”等账户均为典型的资产类账户。

（2）负债类账户。负债类账户是用来反映和监督各种负债的增减变动和结果的账户。例如，“短期借款”、“应付账款”、“应付职工薪酬”、“应交税金”、“应付股利”、“长期借款”等账户为典型的负债类账户。

（3）所有者权益类账户。所有者权益类账户是用来反映和监督所有者权益增减变动和结果的账户。如“实收资本（或股本）”等账户为典型的所有者权益类账户。

（4）收入类账户。收入类账户是用来反映和监督企业生产经营过程中取得各种营业收入的账户。例如，“主营业务收入”、“其他业务收入”、“投资收益”等账户为典型的收入类账户。

（5）费用类账户。费用类账户是用来反映和监督企业生产经营过程中所发生的各种耗费的账户。例如，“主营业务成本”、“营业税金及附加”、“管理费用”、“财务费用”、“销售费用”等账户为典型的费用类账户。

（6）利润类账户。利润类账户是用来反映和监督企业利润的实现和分配情况的账户。例如，“本年利润”、“利润分配”账户为典型的利润类账户。由于利润属于所有者权益，所以“本年利润”和“利润分配”账户也属于所有者权益类账户。

由此可见，企业按会计要素设置的上述六类账户也可整合为资产类、负债类、所有者权益类、成本类和损益类五类账户。当然，不论账户如何分类，其基本结构也都是分为左右两方，用一方登记增加，另一方登记减少。至于哪一方登记增加，哪一方登记减少，除了取决于所反映的相关经济内容外，还受具体的记账方法所制约（见下文的借贷记账法）。

根据前述的会计总分类科目和明细分类科目的关系、会计科目和会计账户的关系，我们把账户也分成总分类账户和明细分类账户（有关总分类账和明细分类账的关系可以参考本章第二节有关内容）。

（四）会计账簿

仅有会计账户，我们还是不能很方便地记录经济业务的发生情况。会计账户的基本结构只是大概地告诉了我们应该记什么东西（账户名称、经济业务发生的日期、经济业务的简要说明、记账凭证编号、金额等）。除了这些内容外，不同的会计账户还需要记录一些不同的会计信息（有关此点，可见以下不同格式的会计账簿）。另外，会计账户没有一定的格式，其所记录的会计信息也是零散的、不正式的，而会计账簿却能按照时间顺序，连续、系统、全面地记录和反映企业有关经济业务的信息。因此，在实际工作中，我们使用会计账簿来记账。已填制的会计账簿就是具有一定格式的会计账户。

由于管理的要求不同，所设置的账簿不同，各种账簿所记录的经济业务也不同，其形式也就多种多样，但所有账簿一般都应具备以下基本内容：

（1）封面。写明账簿名称和记账单位名称。

（2）扉页。填明启用的日期和截止的日期，页数，册次，经管账簿人员一览表和签章，会计主管签章，账户目录等。

单位名称

账簿册数　本年共　册　本册是第　册

账簿页数　本册自　页至　页共　页

会计年度　自20　年　月　日至20　年　月　日

单位负责人　财务负责人

账簿启用及经管人员一览表

单位名称：______ 账簿名称：（单位公章）______
账簿编号：______ 账簿册数：______
账簿页数：______ 启用日期：______
会计主管（签章）：______ 记账人员（签章）：______

移交日期			移交人		接管日期			接管人		会计主管	
年	月	日	姓名	盖章	年	月	日	姓名	盖章	姓名	盖章

（3）账页。账页的基本内容包括：①账户名称（一级科目、二级或明细科目）；②记账日期；③凭证种类和号数栏；④摘要栏；⑤金额栏；⑥总页次和分户页次等。（关于账簿、账页、账户之间的关系从上面叙述可以看出来。）

账簿按照用途的不同可以分为序时账簿、分类账簿和备查账簿三大类。

1. 序时账簿

序时账簿也称日记账、流水账，是按照经济业务完成时间的先后顺序进行逐日逐笔登记的账簿。日记账又可分为普通日记账和特种日记账。普通日记账是将企业每天发生的所有经济业务，都按其先后顺序，编成会计分录记载入内的账簿；特种日记账是按经济业务性质单独设置的账簿，它只把特定类型的经济业务顺序记入账簿，以反映其详细情况，如库存现金日记账和银行存款日记账。

（1）库存现金日记账。库存现金日记账是顺序登记库存现金收、付业务的日记账。它由出纳人员根据审核无误的有关收款凭证和付款凭证，序时逐日逐笔地登记。每日终了，应分别计算出库存现金收入和支出合计数，并结出账面余额。其计算公式为：

本日余额＝上日余额＋本日收入额－本日支出额

现金日记账

20××年度　　第1页

××年		凭证		摘要	对方科目	收入										支出										金额									
月	日	字	号			千	百	十	万	千	百	十	元	角	分	千	百	十	万	千	百	十	元	角	分	千	百	十	万	千	百	十	元	角	分
4	1																													4	0	0	0	0	0
	2	收	2	零售收现	主营业务收入						8	0	0	0	0																				
		付	3	预支差旅费	其他应收款																4	0	0	0	0										
		付	4	付困难补助	应付福利费																6	0	0	0	0										
		付	11	购办公品	管理费用															1	3	6	0	0	0										
4	2			本日小计							8	0	0	0	0					2	3	6	0	0	0					9	6	4	0	0	0
				……	……																														
				本月合计					2	2	6	8	0	0	0				1	2	0	8	0	0	0				1	4	6	0	0	0	0

（2）银行存款日记账。银行存款日记账是用来序时反映企业银行存款的增加、减少和结存情况的账簿。银行存款日记账的登记方法与库存现金日记账的登记方法基本相同。三栏式银行存款日记账的格式见下页表。

（将本表与本节第二小节“二、复式记账”中简化的“T”型账户比较，看看有何异同。）

2. 分类账簿

分类账簿是对全部经济业务按总分类账和明细分类账进行分类登记的账簿。分类账簿分为总分类账簿和明细分类账簿两种。总分类账簿简称总账，是根据总账科目开设账户，用来分类登记全部经济业务，提供总括核算资料的账簿（其中有很多账页，分别记录不同会计科目的信息）。明细分类账簿简称明细账，是根据总账科目所属明细科目开设账户，用以分类登记某一会计科目的信息，提供明细核算资料的账簿。

（1）总分类账。总分类账是按一级会计科目设置，提供总括资料的账簿。总分类账簿只能以货币作为计量单位，只有金额方面信息而没有实物的数量信息。其最常用的格式为三栏式，即金额分为借方金额、贷方金额、余额三栏。三栏式总账的格式见下表。

银行存款日记账

存款种类：结算户存款　　开户银行：农行武侯支行　　账号：71-11223344　　第1页

××年		凭证		摘要	对方科目	结算凭证		收入										支出										金额									
月	日	字	号			种类	号数	千	百	十	万	千	百	十	元	角	分	千	百	十	万	千	百	十	元	角	分	千	百	十	万	千	百	十	元	角	分
4	1			月初余额																										6	0	0	0	0	0	0	0
	3	收	6	存售材料款	现金	现存	321						8	0	0	0	0																				
		付	4	提备用金	现金	现支	575																4	0	0	0	0										
		付	7	购A厂圆钢	物资采购	转支	243															8	0	0	0	0	0										
					应交税金																	1	3	6	0	0	0			5	9	1	0	4	0	0	0
	9	收	18	收B厂账款	应收账款	信汇	045				8	0	0	0	0	0	0													6	7	1	0	4	0	0	0
	14	付	11	购办公用品	管理费用	转支	245															1	5	0	0	0	0			6	6	9	5	4	0	0	0
	27	收	32	销售乙产品	主营业务收入	进账	071				6	0	0	0	0	0	0																				
					应交税金						1	0	2	0	0	0	0													7	3	9	7	4	0	0	0
4	30			本月合计						1	5	1	0	0	0	0	0				1	1	2	6	0	0	0			7	3	9	7	4	0	0	0

总分类账

会计科目：　　　　　　　　　　　　　　　　　　　　　　　　第×页

年		凭证		摘要	对方科目	借方										贷方										借或贷	余额									
月	日	字	号			千	百	十	万	千	百	十	元	角	分	千	百	十	万	千	百	十	元	角	分		千	百	十	万	千	百	十	元	角	分

（2）明细分类账。明细分类账是登记某类经济业务详细情况的账簿，它既可以反映资产、负债、所有者权益、收入、费用等价值变动情况，又可以反映资产等实物量增减情况。明细分类账以货币为主要计量单位，同时辅助以实物量度计量。其主要格式有以下三种：

①三栏式明细账。三栏式明细账主要适用于只反映金额的经济业务，它一般记录只有金额而没有实物量的经济业务，如**应收账款、应付账款、其他应付款、应交税金、待摊费用、预提费用**等。三栏式明细账的格式与三栏式总账相同。

②数量金额式明细账。数量金额式明细账在收入、支出、结存三栏内，再增设数量、单价等栏目，分别登记实物的数量和金额。所以，它适用于既需要反映金额又需要反映数量的经济业务，如**原材料、库存商品、自制半成品**等科目的明细核算。数量金额式明细账实质上是在三栏式明细账基础上发展起来的，是三栏式明细账的扩展，其格式见下表。

__________明细账

科目：　　　　　　　　　　　　规格等级：　　　　　　　　品名：

子目：　　　　　　　　　　　　计量单位：　　　　　　　　总页____ 分页____

年		凭证		摘要	收入			发出			结存		
月	日	字	号		数量	单价	金额	数量	单价	金额	数量	单价	金额

③多栏式明细账。多栏式明细账是根据经济业务的特点和经营管理的要求，对属于同一级科目的明细科目设置若干栏目，用以在同一张账页上集中反映各有关明细项目详细资料的账簿。它主要适用于**费用、成本、收入和利润**等科目的明细核算。多栏式明细账的格式见下表。

生产成本明细账

明细科目：　　　　　　　　　　　　　　　　　　　　第×页

年		凭证		摘　要	成本项目			合　计
月	日	字	号		直接材料	直接人工	制造费用	

本年利润明细账

第×页

年		凭证		摘　要	借　方				贷　方				借或贷	余额
月	日	字	号		主营业务收入	…	…	合计	主营业务成本	…	…	合计		

3. **备查账簿**（略）

二、会计怎么记账

请读者先看以下几个例题（本书中的例题为2005—2008年各地会计从业资格考试的真题）：

（1）符合资产类账户记账规则的是（　　）。

A. 增加记借方　　　　B. 增加记贷方

C. 减少记借方　　　　D. 期末无余额

（2）一个完整的会计分录应该包括（　　）。

A. 账户名称　　　　B. 记账符号

C. 记账方向　　　　D. 记账的金额

（3）下列不能作为填制记账凭证的原始依据是（　　）。

A. 开工单　　　　B. 成本计算单

C. 生产通知单　　　　　　　　D. 银行收付款通知单

(4) 对金额有错误的原始凭证，正确的做法是(　　)。

A. 由出具单位在原始凭证上更正

B. 由出具单位在原始凭证上更正，并加盖出具单位印章

C. 由出具单位重开

D. 拒绝接受

(5) 企业1月份发生下列支出：预付全年仓库资金36 000元；支付上年第4季度银行借款利息16 200元；以现金520元购买行政管理部门使用的办公用品；预提本月应负担的银行借款利息4 500元。按权责发生制确认的本月费用为(　　)。

A. 57 220元　　　　　　　　B. 8 020元

C. 24 220元　　　　　　　　D. 19 720元

答案：(1) A　(2) ABD　(3) C　(4) C　(5) B

前面一节说的是会计核算应该记什么、记在哪，再有就是怎么记和什么时候记的问题，即记账方法是什么？在实际当中，我们不是根据经济业务直接记录会计账簿，而是通过原始凭证和记账凭证来记录，先通过原始凭证和记账凭证把经济业务“翻译”成会计语言。在介绍记账凭证之前，先介绍一个重要的规律和等式。

(一) 会计等式

如前所述，会计对象可概括为资金运动，具体表现为会计要素。每发生一笔经济业务，都是资金运动的一个具体过程，每一个资金运动的过程都必然涉及相应的会计要素，从而使全部资金运动所涉及的会计要素之间存在一定的联系。会计要素之间的这种内在关系，可以通过会计平衡等式表现出来，这种平衡等式就叫会计等式。它是设置账户、复式记账和设计资产负债表的理论依据。

1. 基本的会计等式

资产 = 负债 + 所有者权益

众所周知，企业要从事生产经营活动，必须拥有一定数量的资产。这些资产要么来源于债权人，从而形成企业的负债；要么来源于投资者，从而形成企业的所有者权益。由此可见，负债和所有者权益同资产之间，一个是来

龙，一个是去脉。因此，这两方面之间必然存在着恒等关系。也就是说，一定数额的资产必然对应着相同数额的负债和所有者权益。这一恒等关系用公式表示出来就是：

资产 = 负债 + 所有者权益

这一会计等式既表明了企业在某一特定时点（不是某一段时期）所拥有的各种资产，同时也表明了这些资产的归属关系。

企业在生产经营过程中不断发生各种经济业务，这些经济业务的发生会对有关的会计要素产生影响，但是不会破坏上述等式的恒等关系。为什么这样说呢？因为一个企业的经济业务虽然数量多、花样繁，但归纳起来不外乎以下九种类型（见表 2－3）：

表 2－3　　企业经济业务主要类型

	资产		负债 + 所有者权益
经济业务的发生，导致相关项目此增彼减，但增减金额相等，故等式保持平衡	1.	增：资产项目 减：资产项目	
	2.		增：负债项目 减：负债项目
	3.		增：所有者权益项目 减：所有者权益项目
	4.		增：负债项目 减：所有者权益项目
	5.		增：所有者权益项目 减：负债项目
	6.	增：资产项目	增：负债项目
	7.	增：资产项目	增：所有者权益项目
	8.	减：资产项目	减：负债项目
	9.	减：资产项目	减：所有者权益项目

以本章第一节的三笔经济业务为例来分析：

（1）12 月 4 日，公司向华堂商场、宏大公司销售 B 产品各 50 件，每件不含税单价 150 元，增值税税率 17%，款项尚未收到。

公司的应收账款（资产类）账户增加 17 550 元；而主营业务收入（收入类）账户增加 15 000 元，应交税费（负债类）账户增加 2 550。会计等式保持平衡。

（2）12 月 24 日，受到宏大公司的转账支票一张，用于支付其前欠货款 7 550 元，支票已交存开户银行。

公司的银行存款（资产类）账户增加7 550元，而应收账款（资产类）账户减少7 550。会计等式保持平衡。

（3）12月24日，收到华堂商场交来的银行承兑汇票一张，用于抵付其前欠部分货款10 000元。

公司的应收票据（资产类）账户增加10 000元，而应收账款（资产类）账户减少10 000元。会计等式保持平衡。

2. 收入、费用和利润的关系式

利润 = 收入 − 费用

3. 扩展的会计等式

我们把上面两个会计等式结合起来，则基本会计等式就会演变为：

资产 = 负债 + 所有者权益 + （收入 − 费用）
= 负债 + 所有者权益 + 利润

我们将这一等式称为扩展的会计等式。

由于收入、费用和利润这三个要素的变化实质上都可以表现为所有者权益的变化，因此，上述三种情况都可以归纳到前面总结的九种业务类型中。也正因为如此，上述扩展的会计等式才会始终保持平衡。

以上分析说明，资产、负债、所有者权益、收入、费用和利润这六大会计要素之间存在着一种恒等关系。会计等式反映了这种恒等式关系，因此，它始终成立。任何经济业务的发生都不会破坏会计等式的平衡关系。

（二）复式记账

在会计工作中，为了有效地反映和监督会计对象，各会计主体除了要按照规定的会计科目设置账户外，还应采用一定的记账方法。最初的记账方法是单式记账法，随着社会经济的发展和人们的实践与总结，单式记账法逐步改进，从而演变为复式记账法。

1. 单式记账法与复式记账法

单式记账法是比较简单的不完整的记账方法。这种方法的主要特征是：

对于每项经济业务，通常只登记现金和银行存款的收付业务以及应收、应付款的结算业务，而不登记实物的收付业务。

复式记账法是对任何一项经济业务，都必须用相等的金额在两个或两个以上的有关账户中相互联系地进行登记，借以反映会计对象具体内容增减变化的一种记账方法。表 2－4 列示了对相同经济业务，两种方法的不同会计处理。

表 2－4　　单式记账法与复式记账法的不同处理

经济业务	单式记账法	复式记账法
企业以现金 500 元支付办公费用	只在现金账户中作减少 500 元的登记，至于费用的发生情况，则不予记录	除了要在现金账户中作减少 500 元的登记外，还要在有关费用账户中作增加 500 元的记录。这样登记的结果表明，企业现金的付出同费用的发生两者之间是相互联系的
企业向某厂购入一批材料，价款 1 000 元，货已收到，货款尚未支付	只在应付账款账户中作增加 1 000 元的登记，而材料的增加，则不予登记	除了要在应付账款账户中作增加 1 000 元的登记外，还要在有关的材料账户中作增加 1 000 元的记录。这样登记的结果，就使得债务的发生同材料的购进两者之间的关系一目了然

这两种记账方法的优缺点比较如表 2－5 所示：

表 2－5　　两种记账方法的优缺点

单式记账法	复式记账法
只核算现金的减少或负债的增加，而对费用的发生或实物性资产的取得，一般不设置账户进行核算	需要设置完整的账户体系，除了现金、银行存款账户外，还要设置实物性资产以及收入、费用和各种权益类账户
实物性资产的数额，只能从定期的实地盘存得到。经营的盈亏只能由前后两期财产结存数的比较求得，不能正确核算成本和盈亏	不仅记录货币资金的收付和债权、债务的发生，而且要对所有财产和全部权益的增减变化，以及经营过程中所发生的费用和获得的收入作全面、系统的反映
各个账户之间互不联系，因此无法全面反映各项经济业务的来龙去脉，更不利于检查账户记录的正确性	对每项经济业务，都要在两个或两个以上的账户中记录，可以反映其来龙去脉；根据会计等式的平衡关系，可以检查账户记录是否正确

企业发生的所有经济业务无非涉及资金增加和减少两个方面，并且某项资金在量上的增加或减少，总是与另一项资金在量上的增加或减少相伴而生。这样就要求在会计记账的时候，必须要把每项经济业务所涉及的资金增

减变化都记录下来，从而完整、全面地反映经济业务所引起的资金运动的来龙去脉。复式记账法恰恰就是适应了资金运动的这一规律性的客观要求，把每一项经济业务所涉及的资金在量上的增减变化，通过记录在两个或两个以上的账户中，予以全面反映。可见资金运动规律是复式记账的内在规律。会计等式是复式记账的基础。

2. 借贷记账法

上面的复式记账法只是简单地说明了如何把经济业务“翻译”成会计语言。在实际工作中，要完成这个翻译过程，仅仅知道复式记账原则还不够。一笔经济业务发生后，如何在两个以上的账户中记录，使用什么样的记账符号，如何记录增加额和减少额，遵循什么样的规则才能保证整个会计核算过程的一贯性，这些都是实际工作中需要解决的问题。借贷记账法作为复式记账法的一种，能够较好地完成这个“翻译”任务。

借贷记账法以“借”、“贷”作为记账符号（仅仅是一个符号，失去了其本身的含义），“借”、“贷”只是单纯表示记账方向的符号。在借贷记账法下，任何账户都分为借方和贷方两个基本部分，通常左方为借方，右方为贷方。在会计教学中将其简化为“T”形账户的形式，它的基本结构见图 2－4。

借方　　　　账户名称（会计科目）　　　　贷方

图 2－4　借贷记账法的基本结构

（将本表与本章第二节第一小节“（三）会计账户”中的“T”型账户相比较，看看有何异同。）

在借贷记账法下，所有账户的借方和贷方，一方登记增加金额，一方登记减少金额。至于哪一方登记增加金额，哪一方登记减少金额，则要根据各个账户所反映的经济内容来决定，也就是说，要依经济业务涉及的账户及账户性质而定。下面介绍不同类型的经济业务对记账方向的影响。

3. 借贷记账法下六类账户的基本结构

如前所述，企业会计对象按其经济业务，可以划分为资产、负债、所有者权益、收入、费用和利润六大会计要素。对会计要素进一步分类核算的项目称为会计科目。会计科目是设置会计账户的依据，因此会计账户也分为资产账户、负债账户、所有者权益账户、收入账户、费用账户、利润账户六类。

（1）资产账户的结构。资产账户是用来核算企业各项资产（哪些是资产，读者可结合本书第三章的论述和前面的会计科目表来理解，下同）增减变动及其结存情况的账户。在资产账户中，其借方登记期初余额和本期增加数，贷方登记本期减少数。一般而言，资产账户的期末余额总是在借方。资产账户的基本结构如图 2－5 所示。

借方	资产账户	贷方

图 2－5　资产账户的基本结构

（2）负债账户的结构。负债账户是用来核算企业各项负债增减变动及其结余情况的账户。在负债账户中，其贷方登记期初余额和本期增加额，借方登记本期减少额。在正常情况下，负债账户的期末余额在贷方。负债账户的基本结构如图 2－6 所示。

借方	负债账户	贷方

图 2－6　负债账户的基本结构

（3）所有者权益账户的结构。所有者权益账户是用来核算企业各项所有者权益增减变动及结余情况的账户。在所有者权益账户中，其贷方登记期初余额和本期增加额，借方登记本期减少额。在正常情况下，所有者权益账户的期末余额在贷方。所有者权益账户的基本结构如图 2－7 所示。

借方	所有者权益账户	贷方

图 2－7　所有者权益账户的基本结构

（4）收入账户的结构。收入账户是用来核算企业各项收入取得情况的账户。在收入账户中，贷方登记收入的增加额，借方登记收入的减少额（或转销额）。期末时，本期收入的增加额减去本期收入的减少额后的差额，应转入利润账户，所以收入账户期末没有余额。收入账户的基本结构如图 2－8 所示。

借方　　收入账户　　贷方

图 2-8　收入账户的基本结构

（5）费用账户的结构。费用账户是用来核算企业各项费用发生情况的账户。在费用账户中，借方登记费用的增加额，贷方登记费用的减少额（或转销额）。期末时，本期费用的增加额减去本期费用的减少额后的差额，应转入利润账户，所以费用账户期末没有余额。费用账户的基本结构如图 2-9 所示。

借方　　费用账户　　贷方

图 2-9　费用账户的基本结构

（6）利润账户的结构。利润账户是用来核算企业利润形成情况的账户。在利润账户中，贷方登记收入账户的收入转销额，借方登记费用账户的费用转销额。一般情况下（收入大于费用时），利润账户的期末余额在贷方，表示企业实现的利润额；如出现亏损时，利润账户的期末余额则在借方，表示企业形成的亏损额。利润账户的基本结构如图 2-10 所示。

借方　　利润账户　　贷方

图 2-10　利润账户的基本结构

上面所述的借贷记账法下各账户的结构总结如表 2-6 所示。

表 2-6　借贷记账法下各账户的结构

账户类别	借方表示	贷方表示	余额
资产类	增加	减少	余额在借方
负债类	减少	增加	余额在贷方
所有者权益类	减少	增加	余额在贷方
收入类	减少（转销）	增加	一般无余额
费用类	增加	减少（转销）	一般无余额
利润类	减少	增加	一般在贷方（盈利）

（关于各类账户借贷的含义可结合资产负债表来记忆，资产负债表左边的资产账户的结构与右边的负债和所有者权益账户正好相反；资产与费用有转化关系，因此结构一样；而收入、利润账户与所有者权益账户的结构相同。）

4. 借贷记账法的记账规律

采用借贷记账法记录经济业务时，应该依次考虑以下四个问题：

首先，根据经济业务的内容，确定该笔经济业务应记入哪些账户，这些账户是资产类账户，还是权益类账户（所有者权益和债权人权益）；

其次，确定记入这些账户的金额是增加额，还是减少额；

再次，结合前面两条，根据借贷记账法下的账户结构，确定应记入各有关账户的借方还是贷方；

最后，按照“有借必有贷，借贷必相等”的原则完成记账。

5. 借贷记账法的应用

以第一节的三笔经济业务为例来分析：

（1）12 月 4 日，公司向华堂商场、宏大公司销售 B 产品各 50 件，每件不含税单价 150 元，增值税税率 17%，款项尚未收到。

借 应收账款	贷	借 主营业务收入	贷	借 应交税费	贷
17 550			15 000		2 550

（借贷双方的数额相等）

（2）12 月 24 日，收到宏大公司的转账支票一张，用于支付其前欠货款 7 550 元，支票已交存开户银行。

借 银行存款	贷	借 应收账款	贷
7 550			7 550

（借贷双方的数额同样相等）

（3）12 月 24 日，收到华堂商场交来的银行承兑汇票一张，用于抵付其前欠部分货款 10 000 元。

公司的应收票据（资产类）账户增加 10 000，而应收账款（资产类）账户减少 10 000。会计等式保持平衡。

借 应收票据	贷	借 应收账款	贷
10 000			1 0000

（借贷双方的数额同样相等）

在实际工作中，借贷记账法的应用是通过填刻记账凭证来实现的，上述的三笔业务的记账凭证见本章第一节。在教学中和非正式的场合，我们一般用简化的会计分录来代替记账凭证，第一节的三笔经济业务可以“翻译”成下面的会计分录：

（1）借：应收账款	17 550	
贷：主营业务收入		15 000
应交税费——应交增值税（销项税额）		2 550
（2）借：银行存款	7 550	
贷：应收账款		7 550
（3）借：应收票据	10 000	
贷：应收账款		10 000

（三）记账凭证

记账凭证是会计人员对原始凭证中的资料进行分析并根据复式记账的原理编制会计分录而形成的。记账凭证是登记账簿的直接依据，是会计分录的载体。它是将原始凭证中反映的经济业务信息“翻译”成会计信息的工具，“翻译”方法即前面所述的“借贷记账法”。

按照记账凭证的用途，可以将其分为专用记账凭证和通用记账凭证两种。专用记账凭证是专门用于某一类经济业务的记账凭证。例如，专用于现金、银行存款收款业务的收款凭证，专用于现金、银行存款付款业务的付款凭证，专用于转账业务的转账凭证，等等。通用记账凭证是不分收款、付款、转账业务，都使用同一种格式的记账凭证。

收款凭证、付款凭证和转账凭证的格式如下：

收款凭证

借方科目：　　　　　　　　年　月　日　　　　　　　　收字第　　号

摘　要	总账科目	明细科目	金　额	记　账
附单据　　张	合　　计			

核准：　　复核：　　记账：　　出纳：　　制单：

付款凭证

贷方科目：　　　　　　　　　　　年　月　日　　　　　　　　　　付字第　　号

摘　要	总账科目	明细科目	金　额	记　账
附单据　　张	合　　计			

核准：　　　　复核：　　　　记账：　　　　出纳：　　　　制单：

转账凭证

20××年2月20日　　　　　　　　转字第8号

摘　要	总账科目	明细科目	记账	借方金额										贷方金额									
				千	百	十	万	千	百	十	元	角	分	千	百	十	万	千	百	十	元	角	分
购入甲材料	物资采购	甲材料	✓				1	0	0	0	0	0	0										
款未付	应交税费	应交增值税(进项税额)						1	7	0	0	0	0										
	应付账款	B公司															1	1	7	0	0	0	0
合　计						¥	1	1	7	0	0	0	0			¥	1	1	7	0	0	0	0

附件2张

财务主管：李凡　　　　记账：黄秋　　　　审核：李平　　　　制单：刘玉

通用记账凭证的格式如下：

记账凭证

年　月　日　　　　　　编号

摘　要	一级科目	二级或明细科目	✓	借方金额										贷方金额									
				千	百	十	万	千	百	十	元	角	分	千	百	十	万	千	百	十	元	角	分
合　计																							

附件　　张

财务主管：　　　　记账：　　　　出纳：　　　　复核：　　　　制单：

（四）原始凭证

在本章前面已经说过，原始凭证是证明经济业务已经（而不是准备或计划发生或实施）发生或完成的依据，是制作记账凭证的依据。比如银行收付款通知单、成本计算单、开工单等可以作为原始凭证，生产通知单、采购合同等不能作为原始凭证。

原始凭证可以分为外来原始凭证和自制原始凭证两种。

1. 外来原始凭证

外来原始凭证是由业务经办人员在业务发生或者完成时从外单位取得的原始凭证。如采购商品时取得的增值税专用发票、付款时取得的收据、车票、船票等。

下面给出几种原始凭证的样式。

增值税专用发票：

1100022230　　　　××增值税专用发票　　　　No 06995200

发票联

开票日期：2008 年 12 月 2 日

购货单位	名　　称：某公司 纳税人识别号：2100199432101 × 地 址 、电 话：某市某区某路×号　6712345 × 开户行及账号：× ×银行　000022336235312 ×				密码区	2 <>30 − +3 <11/5 <18 + +8 ∗4 44 ∗09/ > >297 <5 > +5960/34 3 <11/5 <18 +9 <6 −22028 5 >5 <22 > >2216 −/ − +/8 >		加密版本号：61 1100022230 06995200
货物或应税劳务名称	规格型号	单位	数量	单价	金额		税率	税额
A 材料		千克	5 000	10. 000	50 000. 00		17%	8 500. 00
合　计					¥50 000. 00			¥8 500. 00
价税合计（大写）	伍万捌仟伍佰圆				（小写）¥58 500. 00			
销售单位	名　　称：胜利工厂 纳税人识别号：21001923563123 × 地 址 、电 话：某市某区某路×号　6822210 × 开户行及账号：× ×银行　000023654235312 ×				备注			

第一联　发票联　购货方记账凭证

收款人：　　　　复核：　　　　开票人：× ×　　　　销售单位（章）：

（注：这是增值税专用发票，只限于增值税的一般纳税人领购使用，增值税的小规模纳税人和非增值税纳税人不得领购使用。）

商业发票（样票）：

北京市商业企业专用发票
BEIJING COMMERCIAL CORPORATION INVOICE
发票联
INVOICE

本发票需在×××年××月××日之前开出

发票代码 000000000000
Invoice Code
发票号码 00000000
Invoice No.

客户名称：payer　　支票号：Check No.

编号 Serial No.	商品名称 Merchandise's name	规格 Specification	单位 Unit	数量 Quantity	单价 Unit Price	金额 Amount							
						十	万	千	百	十	元	角	分
小写金额合计 Total Amount													
大写金额 Total Amount In Words	拾 万 仟 佰 拾 元 角 分												

开票单位（盖章）payee (Seal)　　开票人：Filler　　年 Y 月 M 日 D

此发票系北京市国家税务局印制不准仿制 ×印××××××本
PRINTING OF THE INVOICE IS RATIFIED BY BEIJING MUNICIPAL OFFICE OF STATE ADMINISTRATION OF TAXATION

二、付款方收执 SECOND INVOICE

票样　京国税

火车票（样票）：

2. **自制原始凭证**

自制原始凭证是本单位内部发生经济业务时，由本单位有关经办人员自行填制的原始凭证。例如，材料入库时，由仓库保管人员填制的收料单；生产部门从仓库领料时填制的领料单；产品完工入库时填制的入库单；商品销售时，由业务部门开出的提货单；发放职工工资时编制的工资单，等等。

收料单

供货单位：________　　　　　　　　　　　　凭证编号：________

发票编号：________　　　　年　月　日　　　　收料仓库：________

材料类别	材料编号	材料名称及规格	计量单位	数　量		金　额			
				应收	实收	单价	买价	运杂费	合计
备　注									

仓库保管员：（签章）　　　　　　　　收料人：（签章）

领料单

领料部门：________　　　　　　　　　　　　凭证编号：________

用　　途：________　　　　年　月　日　　　　发料仓库：________

材料类别	材料编号	材料名称及规格	计量单位	数　量		金　额		备注
				请领	实领	单价	合计	
备　注								

仓库保管员：（签章）　发料人：（签章）　领料主管：（签章）　领料人：（签章）

产品入库单

供货单位：________　　　　　　　　　　　　收货单位：________

库　　别：________　　　　年　月　日　　　　库　　别：________

类	种	品	规格	等级	品名	单位	数量	单价	金额	包装数量	件数
合　计											

验收单位：（签章）　复核：（签章）　记账员：（签章）　制单：（签章）

提货单

供货单位：________　　　　　　　　　　　　　　　　　　　　运输方式：________
收货地址：________　　　　　　年　月　日　　　　　　　　　编　　号：________

产品编号	产品名称	规格	单位	数量	单位	金额	备注
合　计							

销售部门负责人：(签章)　发货人：(签章)　提货人：(签章)　制票：(签章)

3. **取得、填制和审核原始凭证的要求**

(1)保证原始凭证的内容完整。

(2)从外单位取得的原始凭证，必须盖有填制单位的公章；从个人取得的原始凭证，必须有填制人员的签名或者盖章。自制原始凭证必须有单位负责人或者其指定的人员的签名或盖章。

(3)凡填有大写和小写金额的原始凭证，大写与小写的金额必须相符。购买实物的原始凭证，必须有验收证明。

(4)一式几联的原始凭证必须注明各联的用途，并且只能以一联用作报销凭证；作废时应加盖“作废”戳记，连同存根一起保存，不得撕毁。

(5)单位职工因工出差借款的凭据，必须附在记账凭证之后。

(6)经上级有关部门批准的经济业务，应当将批准文件作为原始凭证附件。如果批准文件需要单独归档的，应当在凭证上注明批准机关名称、日期和文件字号。

(7)原始凭证的书写格式要规范。原始凭证要用蓝色或黑色笔书写，字迹清楚、规范。填写支票必须使用碳素笔。合计的小写金额前应加注币值符号，如“¥”。汉字大写数字金额，一律用正楷字或行书字书写，如壹、贰、叁、肆、伍、陆、柒、捌、玖、拾、佰、仟、万、亿、元、角、分、零、整等易于辨认、不易涂改的字样。

(8)《会计法》规定会计机构、会计人员必须按照国家统一的会计制度的规定对原始凭证进行审核，对不真实、不合法的原始凭证有权不予接受，并向单位负责人报告；对记载不准确、不完整的原始凭证予以退回，并要求按照国家统一的会计制度的规定更正、补充。原始凭证记载的各项内容均不得涂改；原始凭证有错误的，应当由出具单位重开或者更正，更正处应当加盖出具单位印章。原始凭证金额有错误的，应当由出具单位重开，不得在原始凭证上更正。

(五) 收付实现制与权责发生制

每一会计期间（如年末）都要确定该会计期间的收入及费用，然后计算企业该期间的盈利情况。这就需要确定究竟哪些经济业务所产生的结果归属于本会计期间，即收入和费用的确认时间问题。

在许多情况下，企业本期收到的款项就是本期已获得的收入，如本期销售商品，本期收到款项；企业本期付出的款项就是本期应当负担的费用，如本期支付本期的营业费用。但是，由于划分了会计期间，因此，难免会产生一些收支与收入、费用的实现或发生期不一致的情况，往往会发生一些应收未收、应付未付的经济事项，如本期销售商品款项尚未收到、本期发生的水电费尚未支付等。因此，在选择确认收入和费用的时间基础时，就产生了一种以收入和费用的收支期间为标准确认收入和费用的方法，这种方法称为收付实现制；还有一种以收入和费用的归属期间为标准确认收入和费用的方法，这种方法称为权责发生制。

1. 收付实现制

收付实现制又称现金制或实收实付制。凡是本期收到现金的收入，不论是否应归属于本期，都作为本期的收入；反之，凡本期未曾收到现金的收入，即使应归属本期，也不作为本期的收入处理。

2. 权责发生制

权责发生制又称应计制或应收应付制。凡是当期已经实现的收入和已经发生或应当负担的费用，无论款项是否收付，都应作为当期的收入和费用处理；凡是不属于当期的收入和费用，即使款项在当期已经收到或已经支付，都不作为当期的收入和费用。

3. 收付实现制和权责发生制的比较

就权责发生制而言，企业提供了产品或劳务，就可以收到一笔款项或取得收取款项的权利，企业的费用是为了取得收入而发生的耗费，应当由获得有关收入的会计期间来负担。这样可以使相关的收入和对应的费用或成本进行比较，并计算出盈亏。这种将相关收入、费用相互配合和相互比较的计算程序，就称为“配比”。

收付实现制不考虑预收收入、预付费用、应计收入、应计费用的存在，而是根据实际收到和付出的款项进行入账，所以期末不需要进行账项调整。因此，就会计处理手续而言，较为简便；但依此核算的企业盈亏，因不讲究配比原则，使得结果不够合理。

下面举例说明见表 2 – 7：

表 2 – 7　　收付实现制与权责发生制的比较

经济业务	收付实现制	权责发生制
A 公司于 20×7 年 12 月收取下一年 1—6 月的租金 6 000元，劳务在20×7 年 12 月尚未提供	因其款项已经收到，因而在 12 月应确认租金收入 6 000元，而在 20×8 年 1—6月不再确定此项租金收入	虽然租金已经收到，但是收入尚未实现（因其劳务尚未提供）。6 000元租金收入在以后 6 个月分别实现，就 12 月而言，这是预收收入，是一项负债，而非收入
A 公司于 20×7 年 11 月销售了 2 000 元的商品，款项在 20×7 年 12 月才收到，商品在 20×7 年 11 月已提供	因其款项 12 月才收到，因而 11 月不确认此销售收入，2 000 元应确认为 20×7 年 12 月的收入	这 2 000 元为已经实现但尚未收到的收入即应收账款，在 11 月确认收入
A 公司 20×7 年 12 月支付下一年度的保险费 1 200 元，保险公司在 20×7 年12 月尚未提供劳务	因其款项已经支付，因而在 20×7 年 12 月确认1 200元费用，而在20×8 年不再确认此项费用	保险公司在 20×7 年 12 月尚未提供劳务，因而在 20×7 年不能确认此项费用，这笔款项应由下一年负担。就 20×7 年而言，这部分已经支付应由以后月份负担的费用是预付费用，是一项流动资产
20×7 年 12 月支付 11 月的水电费 100 元	因现金流出在 12 月，因而 100 元应作为 12 月的费用	这部分应由本期负担但尚未支付的费用，就是 11 月的费用

权责发生制是一种较为合理的记账基础，但由于实际操作上的困难，企业平时不可能对每项业务都按权责发生制来记录，因此，部分交易就按现金收支活动发生的时日记录。例如，从理论上讲，利息收入和利息费用是随着时间的推移而发生，但实际上，企业不可能每天都将当天的利息收入及利息费用记录下来。为了减少工作量，企业往往在收到利息或支付利息的时候，才予以记录。因此，就存在将收付实现制下的会计核算调整为权责发生制下的会计核算的问题。我们将在本书第四章就权责发生制下期末账项的调整进行说明。

第三章

会计怎么干

——常用的账务处理

前面已经介绍了会计核算的几个基本工具，如会计要素、会计科目、会计账户、复式记账、会计分录等，介绍了很多会计科目和会计账户的名称。然而，这些会计科目和会计账户代表什么意思呢？各自用来反映哪些经济业务的变化呢？如何才能使用正确、合适的会计科目来记录各项经济业务中的资金运动情况呢？这就是本章将要讲述的内容。本章将介绍如何使用正确的会计科目将企业的经济业务翻译成会计语言，**即如何根据原始凭证作会计分录**。

在本章中，我们以制造企业（制造企业和商业企业使用的会计科目不太一样，会计核算也不太一样）为基础来讲述会计核算具体账户的应用。我们按企业资金运动的环节，顺序地说明各会计账户的含义和使用方法。**更详细的知识在有关的《财务会计》、《会计实务》等书籍中有介绍。**

这里分析下制造业企业的经济业务发生的顺序：

（1）制造业企业为了进行生产经营活动，需要有现金、银行存款、原材料、机器设备等资产，这些资产主要由企业所有者（股东或老板）投入和债权人（如借钱给企业的银行）提供。

（2）在供应过程中，企业用货币资金建造或购买厂房、机器设备和各种材料物资，为产品生产做必要的准备。

（3）在生产过程中，劳动者借助于机器设备对材料物资进行加工，生产出各种产品并验收入库，此时会发生各种生产耗费，如原材料的消耗、工资费用、固定资产的折旧费用和其他费用等。

（4）在销售过程中，企业将产品销售出去，收回货币，形成销售收入，同时会发生销售费用和销售税金等。

（5）为了及时反映企业在一个时期的经营成果，需将企业在一定会计期间取得的收入与费用相抵，计算企业实现的利润或发生的亏损。如经营成果表现为利润，应按规定进行分配；如经营成果表现为亏损，应按规定进行弥补。

此外，在购销过程中还会发生各种债权、债务、结算关系，并有一部分资金退出企业，所有这些均构成了制造业企业的经济业务。

由上所述，依据制造业企业生产经营中各个环节的特点，将其主要经济业务分为资金筹集业务、采购供应业务、生产业务、销售业务、利润形成与分配业务等（其中采购供应业务、生产业务、销售业务是日常业务，初学者应该将重点放在这三部分上）。如图 3 - 1 所示。

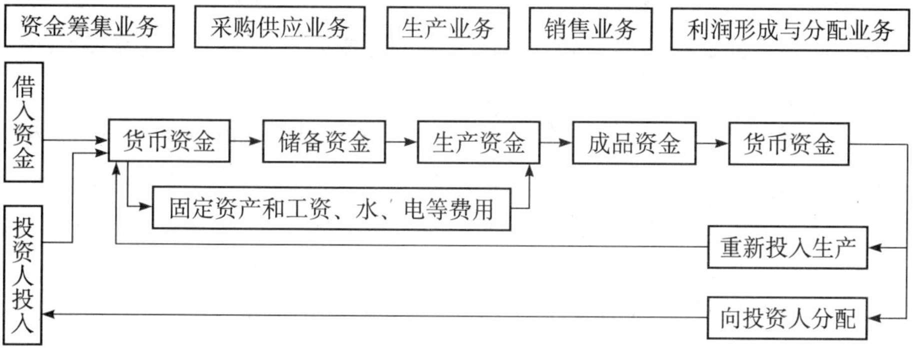

图 3-1 制造业企业的生产经营过程

当读者在分析某经济业务应该使用什么会计科目来核算的时候，请先分析该经济业务属于资金筹集、采购、生产、销售、利润形成与分配中的哪个环节，再从本章对应的各节中找到合适的科目和账户（本章列出了各环节常用的相关账户，部分见例题说明）。

请读者先看以下几个例题（本书中的例题为2005—2008年各地会计从业资格考试的真题）：

（1）与计算营业利润有关的项目是(　　)。

A. 管理费用　　B. 营业外收入净额

C. 所得税费用　　D. 利润总额

（2）下列账户中，期末余额应在贷方的是(　　)。

A. 预收账款　　B. 预付账款

C. 应收账款　　D. 应付账款

（3）下列不能计入存货采购成本的是(　　)。

A. 装卸费　　B. 仓储费

C. 运输费　　D. 非正常消耗的直接材料费

（4）下列属于职工薪酬核算内容的是(　　)。

A. 职工福利费　　B. 住房公积金

C. 职工工资　　D. 非货币性福利

（5）企业所有者权益的各个项目中，通过生产经营活动形成的是(　　)。

A. 实收资本　　B. 资本公积

C. 盈余公积　　D. 未分配利润

（6）根据所给的经济业务资料编制会计分录

①企业的存货按实际成本计价，3 日从渤海公司购入甲材料一批，买价 135 000 元，增值税税额为 22 950 元，对方代垫运费 2 475 元（增值税略），均已通过银行支付，但材料尚未运到。

②企业购入不需要安装的设备一台，价款 97 500 元，增值税税额 16 575 元，支付运杂费 1 350 元，包装费 525 元。款项均以银行存款支付。

③企业从银行提取现金 85 000 元，用以发放职工工资。当日以现金实际发放职工工资 85 000 元。编制提取现金、发放工资的会计分录。

④企业采用托收承付结算方式向义利公司销售产品一批，货款360 000 元，增值税税额 61 200 元，以银行存款代垫运杂费 5 800 元，已办理托收手续。

答案：（1）A （2）AD （3）BD （4）ABCD （5）CD

（6）①借：在途物资	137 475	
应交税费——应交增值税（进项税额）	22 950	
贷：银行存款		160 425
②借：固定资产	99 375	
应交税费——应交增值税（进项税额）	16 575	
贷：银行存款		115 950
③借：库存现金	85 000	
贷：银行存款		85 000
借：应付职工薪酬	85 000	
贷：库存现金		85 000
④借：应收账款	427 000	
贷：主营业务收入		360 000
应交税费——应交增值税（销项税额）		61 200
银行存款		5 800

第二节 资金筹集环节经济业务的会计核算和相关账户

企业的资金主要来自投资者投入（一旦投入形成事实后，投资者就被称为股东或老板）以及向银行和其他金融机构借入两个方面，企业筹集资金业务的核算主要包括自有资金筹集业务的核算和借入资金筹集业务的核算。

一、自有资金筹集业务的核算

（一）自有资金

自有资金主要包括企业投资人投入的资本及企业在持续经营中的积累。

投资人可以货币资金、房屋及建筑物、机器设备实物资产等向企业投资。根据我国企业会计准则的规定，企业实际收到投资人的投资时，应按实际数额入账。

（二）投入资本业务的会计核算

企业接受投资者的投资，按实际缴付的资金或非现金资产的价格，借记“银行存款”、“原材料”、“固定资产”、“无形资产”等科目，贷记“实收资本”科目。

【例3-1】 某企业收到A公司投资100 000元，该款项已存入银行。

经济业务的发生，资产和所有者权益两类会计要素受到影响，一方面使资产要素中的银行存款增加100 000元；另一方面使所有者权益要素中的实收资本增加100 000元。

银行存款的增加，记入“银行存款”账户的借方；实收资本的增加，记入“实收资本”账户的贷方。根据有关原始凭证（包括实收资本存入基本账户的缴款单），应作会计分录如下：

借：银行存款　　100 000

　贷：实收资本——A公司　　100 000

【例3-2】 某企业收到B公司投入的一批新设备，双方确认的价值为600 000元。

该笔经济业务的发生，使资产和所有者权益两类会计要素受到影响，一方面使资产要素中的固定资产增加600 000元；另一方面使所有者权益要素中的实收资本增加600 000元。

固定资产的增加，记入“固定资产”账户的借方；实收资本的增加，记入“实收资本”账户的贷方。根据有关原始凭证（实物资产出资的股东应向公司移交资产，以移交单作为固定资产和实收资本的入账凭据，按评估且经确认的价值记固定资产，并将验资报告和财产移交清单等存档备查），应作会计分录如下：

借：固定资产　　600 000

　贷：实收资本——B 公司　　600 000

（三）投入资本业务会计核算需要设置的主要账户

1. “实收资本”账户

“实收资本”账户属于所有者权益类账户，用来核算按照企业章程规定，投资者投入的资本，即企业在工商行政部门登记的注册资本（资本金）。该账户贷方（有关账户的借贷问题请参见第二章第二节）登记企业实际收到投资者投入的资本；借方登记企业按法定程序报经批准的实收资本的减少额；期末余额（为什么会出现“期末余额”这个概念，等看完第四章第三节有关结账的内容后，读者就会明白）在贷方，反映投资者实际的投资总额。通常，除企业将资本公积、盈余公积等转增资本外，“实收资本”账户的数额不能随意变动。（嘿嘿，这里的资本公积和盈余公积也是新概念，等学完本章就知道它们的含义了。）

“实收资本”的账户结构如图 3－2：

借　　实收资本（或股本）	贷
	期初余额：反映企业期初实有的资本金数额
企业减少的资本金数额	①企业投资者投入的资本金 ②将资本公积转增为资本金的数额 ③将盈余公积转增为资本金的数额
	期末余额：反映企业期末实有的资本金数额

图 3－2　实收资本的账户结构

2. “资本公积”账户

“资本公积”账户属于所有者权益类账户。该账户贷方登记投资者实际缴付的出资额超过应享有份额部分的金额（为什么会出现这种情况？有兴趣的读者请自己去查有关财务会计方面的书）；借方登记按规定转增资本的金额；余额在贷方，反映尚未转增资本的资本公积。直接计入所有者权益的利得和损失，也通过本账户核算。

“资本公积”账户的结构如图 3－3：

借 资本公积	贷
	期初余额：反映企业期初资本公积的余额
①登记企业直接计入所有者权益的损失 ②登记资本公积转为实收资本的数额	登记企业直接计入所有者权益的利得，包括投资者实际缴付的出资额超过应享有份额部分的金额
	期末余额：反映企业期末资本公积的余额

图 3-3 资本公积的账户结构

3. “库存现金”账户

“库存现金”账户属于资产类账户，用来核算企业库存现金的收入、支出和结存情况。该账户借方登记企业因接受投资、销售商品等各种原因而增加的库存现金；贷方登记企业因支出款项（比如支付职工工资）而减少的库存现金；期末余额在借方，反映企业实际持有的库存现金。企业应设置“库存现金”日记账，按经济业务的发生顺序进行序时核算。（该账户在后面介绍生产、销售环节的经济业务时还要涉及。）

“库存现金”账户的结构如图 3-4：

借 库存现金	贷
期初余额：反映企业期初实际持有的库存现金	
登记企业因接受投资、销售商品等各种原因而增加的库存现金	登记企业因支出款项而减少的库存现金
期末余额：反映企业期末实际持有的库存现金	

图 3-4 库存现金的账户结构

4. “银行存款”账户

“银行存款”账户属于资产类账户，用来核算企业存入银行或其他金融机构的各种款项的收入、支出和结存情况。该账户借方登记企业因接受投资、销售商品等各种原因而增加的银行存款；贷方登记企业因支取款项而减少的银行存款；期末余额在借方，反映企业在银行或其他金融机构的各种存款。该账户在后面的各环节还要涉及。

“银行存款”账户的结构如图 3-5：

借	银行存款 贷
期初余额：反映企业期初在银行或其他金融机构的各种存款	
登记企业因接受投资、销售商品等各种原因而增加的银行存款	登记企业因支取款项而减少的银行存款
期末余额：反映企业期末在银行或其他金融机构的各种存款	

图3－5 银行存款的账户结构

5. **“固定资产”**账户

“固定资产”账户属于资产类账户，用来核算企业持有的固定资产原价（固定资产包括企业的房屋、机器、运输工具等）。该账户借方登记企业因购入、建造、接受投资、接受捐赠、融资租入和盘盈等各种原因而增加的固定资产原价；贷方登记企业因对外投资、报废、出售、捐赠和盘亏等各种原因而减少的固定资产原价；期末余额在借方，反映企业期末固定资产的账面原价。该账户可以按照固定资产的类别和项目设置明细账，进行明细核算。

“固定资产”账户的结构如图3－6：

借	固定资产 贷
期初余额：反映期初固定资产的账面原价	
登记固定资产原价的增加，包括固定资产的购入、建造、接受投资、接受捐赠、融资租入和盘盈等	登记固定资产原价的减少，包括对外投资、报废、出售、捐赠和盘亏等
期末余额：反映期末固定资产的账面原价	

图3－6 固定资产的账户结构

这里还涉及“无形资产”、“原材料”账户。“原材料”账户在第二节采购供应相关业务中介绍材料采购时讲述。

二、借入资金业务的核算

企业借入资金主要有银行借款等方式。

（一）借款业务的主要内容

企业在生产经营的过程中，经常需要向银行借款，以弥补生产经营资金的不足。借款通常按其借用期限的长短分为短期借款和长期借款。短期借款是指企业向银行借入的期限在一年以下（含一年）的各种借款。长期借款是指企业向银行借入的期限在一年以上（不含一年）的各种借款。

（二）借款业务的会计核算

1. 取得借款时的核算

【例3－3】　某企业向银行借款150 000元，用于企业生产经营，借款期限为6个月，年利率为4%（月利率为4%÷12）。该借款本金（150 000元）到期后一次归还，利息按季度支付，按月预提（虽然不用每个月还利息，但企业需要每个月算一下，等看完第四章的账项调整后，读者就会更明白了），该借款已存入企业的银行账户（该账户不是企业的会计账户）。原始凭证为：

中国工商银行　借款借据（入账通知）

200×年0×月02日

<table>
<tr><td rowspan="3">收款人</td><td>全　　称</td><td colspan="3">×××公司</td><td rowspan="3">借款人</td><td>全　　称</td><td colspan="10">×××公司</td></tr>
<tr><td>账　　号</td><td colspan="3">124380098</td><td>账　　号</td><td colspan="10">051021</td></tr>
<tr><td>开户银行</td><td colspan="3">市工行城东分理处</td><td>开户银行</td><td colspan="10">市工行城东分理处</td></tr>
<tr><td colspan="2" rowspan="2">借款金额</td><td colspan="5" rowspan="2">人民币（大写）壹拾伍万元整</td><td>千</td><td>百</td><td>十</td><td>万</td><td>千</td><td>百</td><td>十</td><td>元</td><td>角</td><td>分</td></tr>
<tr><td></td><td>¥</td><td>1</td><td>5</td><td>0</td><td>0</td><td>0</td><td>0</td><td>0</td><td>0</td></tr>
<tr><td colspan="2">借款原因及用途</td><td colspan="2">流动资金借款</td><td colspan="3">借款计划指标</td><td colspan="10">1000000.00</td></tr>
<tr><td colspan="5">借款期限</td><td colspan="12" rowspan="6">你单位上列借款已转入你单位结算户内，贷款到期时由我行按期自你单位结算账户转还。
（印章：200×.01.02 业务专用章）
此致</td></tr>
<tr><td>期次</td><td>计划还款日期</td><td>✓</td><td colspan="2">计划还款金额</td></tr>
<tr><td>1</td><td>200×-0×-02</td><td></td><td colspan="2">150000.00</td></tr>
<tr><td>2</td><td></td><td></td><td colspan="2"></td></tr>
<tr><td>3</td><td></td><td></td><td colspan="2"></td></tr>
<tr><td colspan="5">备注：利率4%</td></tr>
</table>

此联由银行退借款单位作入账通知

这笔经济业务的发生，使资产和负债两类会计要素受到影响，一方面使资产要素中的银行存款项目增加150 000元；另一方面使负债要素中的短期借款项目增加150 000元。

银行存款的增加记入“银行存款”账户的借方，短期借款的增加记入“短期借款”账户的贷方。企业应作会计分录如下：

借：银行存款　　150 000

　贷：短期借款　　150 000

【例3－4】 某企业因购置大型生产设备需要向建设银行借入1 200 000元，借款期限三年，年利率为6%。

这笔经济业务的发生，使资产和负债两类会计要素受到影响。一方面使资产要素中的银行存款项目增加1 200 000元；另一方面使负债要素中的长期借款项目增加1 200 000元。

银行存款的增加记入“银行存款”账户的借方，长期借款的增加记入“长期借款”账户的贷方。企业应作会计分录如下：

借：银行存款　　　　1 200 000

　贷：长期借款　　　　1 200 000

2. 借款利息的核算

【例3－5】 接例3－3，月末，某企业预提本月短期借款利息500元（150 000×4%÷12）。

这笔经济业务的发生，使费用和负债两类会计要素受到影响。一方面使企业承担的利息费用增加500元，另一方面使企业应付未付短期借款利息的债务增加500元。

利息费用的增加记入“财务费用”账户的借方，应付未付短期借款利息债务的增加记入“应付利息”账户的贷方。企业应作会计分录如下：

借：财务费用　　　　500

　贷：应付利息　　　　500

以后每月月末预提利息时作同样的分录。

3. 到期还本付息的核算

企业偿还短期借款本金和利息时，借记“短期借款”、“应付利息”账户，贷记“银行存款”账户；企业偿还长期借款本金时，按归还的金额借记“长期借款”账户，贷记“银行存款”账户，按归还的利息借记“应付利息”账户，贷记“银行存款”账户。

（三）借款业务会计核算需要设置的主要账户

1. “短期借款”账户

“短期借款”账户属于负债类账户，用来核算企业从银行或其他金融机构借入的期限在一年以下（含一年）的各种借款。该账户贷方登记借入的各种款项；借方核算登记已归还借款的本金；期末余额在贷方，反映尚未偿还的短期借款。

“短期借款”的账户结构如图 3－7：

借　　　　短期借款	贷
	期初余额：期初尚未偿还的短期借款本金
登记偿还的各种短期借款	登记借入的各种短期借款
	期末余额：期末尚未偿还的短期借款本金

图 3－7　短期借款的账户结构

2. “长期借款”账户

“长期借款”账户属于负债类账户，用来核算企业从银行或其他金融机构借入的期限在一年以上（不含一年）的各种借款。该账户的贷方登记企业借入的各种长期借款的本金；借方登记各种长期借款的归还数额；期末余额在贷方，反映尚未偿还的长期借款。

“长期借款”的账户结构如图 3－8：

借　　　　长期借款	贷
	期初余额：期初尚未偿还的长期借款
登记偿还的各种长期借款	登记借入的各种长期借款本金
	期末余额：期末尚未偿还的长期借款

图 3－8　长期借款的账户结构

3. “应付利息”账户

“应付利息”账户属于负债类账户，用来核算企业按照合同约定应支付的利息。该账户的贷方登记按合同约定的利率计算确定的应付利息的金额；借方登记企业实际支付的利息；期末余额在贷方，反映企业按照合同约定应支付但尚未支付的利息。

“应付利息”的账户结构如图 3－9：

借　　　　应付利息	贷
	期初余额：期初尚未支付的名义利息
登记支付的应付利息	登记按合同约定的利率计算确定的应付利息
	期末余额：期末尚未支付的名义利息

图 3－9　应付利息的账户结构

4.“财务费用”账户

“财务费用”账户属于损益类账户，用来核算企业为筹集生产经营所需资金而发生的筹资费用，包括利息支出（减利息收入）、汇兑损益及相关手续费、企业发生的现金折扣。该账户借方登记发生的各项财务费用；贷方登记发生的应冲减财务费用的利息收入和结转到“本年利润”账户的财务费用；月末结转后，该账户无余额。

“财务费用”账户结构如图 3－10：

借　　　　财务费用	贷
登记企业为筹集资金发生的利息支出和汇兑损失、手续费、现金折扣等财务费用	①登记发生的利息收入、汇兑收益、收到的现金折扣 ②登记期末结转到“本年利润”账户的数额

图 3－10　财务费用的账户结构

第二节　采购环节经济业务的会计核算和相关账户

一、材料采购业务的主要内容

采购供应过程是制造业企业生产经营过程的第一个环节，是企业物资采购和储备的过程。这一过程的主要经济业务包括：企业向供应单位购买原材料，办理与供应单位及其他有关单位的货款及采购费用的结算；材料运达企业后，由仓库验收并保管，以备车间或管理部门领用。

各种材料应按取得时的实际成本记账。材料的采购成本主要由购买价、相关税费、运输费、装卸费、保险费等构成。

购进材料的会计核算按是否支付货款可以分为以下三种情况：

（1）购进材料时直接支付货款，使企业的资产类账户（原材料与银行存款账户）发生一增一减的变化。

（2）购进材料时未付款，而在将来规定的时间内予以结算，这笔未结算的款项被确认为企业的负债。

（3）企业先预付货款，后取得材料。企业虽先预付了货款，但并未取得材料，不能作为材料增加处理，只能将预付的货款当做企业的一项债权加以核算。

二、材料采购业务的会计核算

【例3－6】 某企业向A供应商购买乙材料，根据合同规定预付款项11 700元。原始凭证附件为银行电汇凭单、支票存根等。

中国工商银行　电汇凭证（借方凭证）　**2**

☑普通　□加急　　委托日期200×年××月××日

汇款人	全　称	××公司	收款人	全　称	A供应商
	账　号	123456734234444-899		账　号	012389934234324-001
	汇出地点	××××××省　市/县		汇入地点	××××××省　市/县
汇出行名称		某汇出银行	汇入行名称		某汇入银行
金额	人民币（大写）	壹万壹仟柒佰元			亿 千 百 十 万 千 百 十 元 角 分 ¥ 1 1 7 0 0 0 0
此汇款支付给收款人 汇款人签章			支付密码	6666 8888 9999	
			附加信息及用途：请在此格内写汇款用途 请在此格内写附加信息 复核：　记账：		

此联汇出行作借方凭证

这笔经济业务的发生，使资产类会计要素发生一增一减的变化。一方面使企业资产中的“预付账款”项目增加11 700元；另一方面使企业资产中的“银行存款”项目减少11 700元。

预付账款的增加记入“预付账款”账户的借方，银行存款的减少记入“银行存款”账户的贷方。企业应作会计分录如下：

借：预付账款——A供应商　　11 700

　贷：银行存款　　11 700

【例3－7】 某企业采用商业承兑汇票方式向B公司购入甲材料2 500千克，每千克20元；增值税专用发票记载的货款计50 000元，增值税税额8 500元，发票账单已收到，材料验收入库。

某企业收料单

供货单位：B公司

发票号码：11289 × × ×　　200 × 年 2 月 15 日　　仓库：1 号

材料类别	材料编号	名称	规格	单位	数量		金额			
					应收	实收	单价	买价	运费	合计
Ⅱ	01	甲材料		千克	2 500	2 500	20	50 000		50 000
合　计										¥50 000

第二联　记账联

采购：何五　　检验：文六　　收料：张七

1100022230　　× × 增值税专用发票　　No 06995200

开票日期：200 × 年 12 月 2

购货单位	名　　称：某企业 纳税人识别号：2100199432101 × 地 址 、电 话：某市某区某路 × 号　6712345 × 开户行及账号：× × 银行　000022336235312 ×				密码区	2 <>30 － ＋3 <11/5 <18 ＋ ＋8 ∗4 44 ∗09/ > >297 <5 > ＋5960/34 3 <11/5 <18 ＋9 <6 －22028 5 >5 <22 > >2216 －/ － ＋/8 >	加密版本号：61 1100022230 06995200
货物或应税劳务名称	规格型号	单位	数量	单价	金额	税率	税额
甲材料		千克	2 500	20. 000	50 000. 00	17%	8 500. 00
合　计					¥50 000. 00		¥8 500. 00
价税合计（大写）	伍万捌仟伍佰圆				（小写）¥58 500. 00		
销售单位	名　　称：B公司 纳税人识别号：21001923563123 × 地 址 、电 话：某市某区某路 × 号　6822210 × 开户行及账号：× × 银行　000023654235312 ×				备注		

第一联　发票联　购货方记账凭证

收款人：　　复核：　　开票人：× ×　　销售单位（章）：

这笔经济业务的发生，使资产和负债两类会计要素受到影响。一方面使企业原材料增加50 000元，增值税进项税额增加8 500元；另一方面使企业的“应付票据”项目增加58 500元。

原材料的增加记入“原材料”账户的借方，增值税进项税额的增加记入“应交税费——应交增值税”账户的借方（**购买原材料还应支付增值税给供应商，由供应商上缴国家**），应付票据的增加记入“应付票据”账户的贷方。企业应作会计分录如下：

借：原材料——甲材料　　50 000
　　应交税费——应交增值税（进项税额）　　8 500
　贷：应付票据　　58 500

【例 3－8】　某企业收到 A 供应商发来的乙材料，增值税专用发票载明乙材料 1 000 千克，每千克 10 元；价款 10 000 元，增值税税额 1 700 元，材料验收入库。

这笔经济业务的发生，使资产和负债两类会计要素受到影响。一方面使企业原材料增加 10 000 元，增值税进项税额增加 1 700 元；另一方面使企业的“预付账款”项目减少 11 700 元。

材料采购成本的增加记入“原材料”账户的借方，增值税进项税额的增加记入“应交税费——应交增值税”账户的借方，预付账款的减少记入“预付账款”账户的贷方。企业应作会计分录如下：

借：原材料——乙材料　　10 000
　　应交税费——应交增值税（进项税额）　　1 700
　贷：预付账款——A 供应商　　11 700

三、材料采购业务会计核算需要设置的主要账户

1. “原材料”账户

“原材料”账户属于资产类账户，用来核算企业各种库存材料，包括主要材料、辅助材料、包装材料等的成本。该账户借方登记已经验收入库材料的实际成本；贷方登记发出材料（比如生产部门领用）的实际成本；期末余额在借方，反映库存材料的实际成本。

“原材料”账户的结构如图 3－11：

借　　　　原材料	贷
期初余额：反映期初库存材料的实际成本	
登记已经验收入库材料的实际成本	登记发出材料的实际成本
期末余额：反映期末库存材料的实际成本	

图 3－11　原材料的账户结构

2. “应付账款”账户

“应付账款”账户属于负债类账户，该账户用来核算企业因购买材料、

商品和接受他人的劳务供应而应付给供应单位的款项。该账户的贷方登记应付未付款项的数额；借方登记实际已经归还款项的数额；期末余额在贷方，反映尚未归还给供应单位的款项。

“应付账款”的账户结构如图 3－12：

借	应付账款　　　　　　贷
	期初余额：企业期初尚未归还的应付账款
登记已偿还供应单位的款项	登记应付给供应单位的款项
	期末余额：企业期末尚未归还的应付账款

图 3－12　应付账款的账户结构

3．**“应付票据”账户**

“应付票据”账户属于负债类账户，用来核算企业因购买材料、商品和接受劳务供应而开出、承兑的商业汇票（商业汇票是由出票人签发的，委托付款人在指定日期无条件支付确定的金额给收款人或者持票人的票据。商业汇票分为商业承兑汇票和银行承兑汇票。）的增减变动及结存情况。

该账户贷方登记开出、承兑商业汇票的数额；借方登记到期支付商业汇票的数额；期末余额在贷方，反映企业尚未到期的应付票据数额。

“应付票据”的账户结构如图 3－13：

借	应付票据　　　　　　贷
	期初余额：反映企业期初持有但尚未到期的应付票据数额
登记到期支付票据的数额	①登记企业开出、承兑商业汇票 ②登记以承兑的商业汇票抵付应付账款的数额
	期末余额：反映企业期末持有但尚未到期的应付票据数额

图 3－13　应付票据的账户结构

4．**“应交税费”账户**

“应交税费”账户属于负债类账户，用来核算企业应缴纳的各种税费，包括增值税、营业税、所得税等。该账户贷方登记应缴纳的各种税费；借方登记已缴纳的各种税费；期末贷方余额反映企业应交未交的各种税费，借方余额反映企业多交的各种税费。

“应交税费——应交增值税”账户是“应交税费”账户的明细账户，该账户贷方登记企业因销售货物或提供应税劳务而发生的应缴纳的销项税额、出口退税、进项税额转出；借方登记企业因购进货物或接受应税劳务而支付的进项税额以及企业实际缴纳的增值税。期末余额可能在借方，也可能在贷方。如果余额在贷方，反映企业尚未缴纳的增值税；如果余额在借方，反映企业多交或尚未抵扣的增值税。

“应交税费——应交增值税”账户的结构如图 3－14：

借　　　　应交税费——	应交增值税　　　　贷
	期初余额：反映企业期初尚未缴纳的增值税
①登记企业因购进货物或接受应税劳务而支付的进项税额 ②登记企业实际缴纳的增值税	①登记企业因销售货物或提供应税劳务而发生的应缴纳的销项税额； ②登记出口退税、进项税额转出
期末余额：反映企业期末多交或尚未抵扣的增值税	期末余额：反映企业期末尚未缴纳的增值税

图 3－14　应交税费——应交增值税的账户结构

5．**“预付账款”账户**

“预付账款”账户属于资产类账户，用来核算企业按合同规定预付的款项。该账户借方登记预付给供应单位的款项及补付的款项；贷方登记收到所购物资时冲销的预付给供应单位的款项及收回多付款项的金额。期末余额一般在借方，反映企业实际预付的款项；期末如为贷方余额，反映企业尚未补付的款项。

“预付账款”账户的结构如图 3－15：

借　　　　预付	账款　　　　贷
期初余额：反映企业期初实际预付的款项	
①登记企业因购货而预付的款项 ②登记企业因购货而补付的款项	①登记收到所购物资时冲销的预付款项 ②登记收回多付款项的金额
期末余额：反映企业期末实际预付的款项	期末余额：反映企业期末尚未补付的款项

图 3－15　预付账款的账户结构

第三节　生产环节经济业务的会计核算和相关账户

本节的业务主要针对制造企业而言，初学者简单了解即可。

一、生产业务的主要内容

生产过程中所发生的各种消耗统称为费用，主要包括为生产产品所消耗的各种原材料、支付给生产工人的各种工资薪酬、厂房和机器设备等固定资产的折旧费（使用机器设备必然会耗费机器设备，这种耗费就是折旧）以及为管理和组织生产（如车间管理人员的工资）而发生的各种费用。

计入产品生产成本的费用可分为直接费用和间接费用（作此区分，是因为两种费用的核算方法不同）。直接费用是指为生产产品所发生的各种材料耗费，为生产产品而支付给生产工人的各种薪酬。间接费用也称制造费用，是企业生产车间（部门）为组织和管理产品生产所发生的各项费用，因这些耗费是为生产多种产品而发生的，因此不能直接计入某一种产品成本中，而应该按一定的标准将其分配到各种产品上。间接费用主要包括车间管理人员的各种薪酬、生产设备的折旧费和修理费、办公费等。

此外，企业还会发生为组织和管理企业生产经营（注意这里不是组织和管理**生产**，而是组织和管理**企业生产经营**）而支付的各项管理费用（为协调生产车间之间关系的计划部门、人力资源部门等发生的工资与耗费），如管理部门领用的消耗性材料、管理人员工资、管理部门的折旧费等。

生产过程结束后，制造的产品完工并经成品仓库验收，为制造产品发生的制造成本也随之结转；为管理和组织企业经营而发生的管理费用与产品产量无关，不计入产品的制造成本，直接冲减企业当期的损益（这些费用不能和产品成本合在一起核算，为管理的需要，必须单独核算）。

二、生产业务的会计核算

（一）材料费用的核算

【例3－9】　某企业从仓库领用甲、乙、丙材料各一批，价值54 000元，用于生产A、B两种产品和用于生产车间和管理部门，价值分别为车间34 000元、16 500元、车间管理部门2 500元、管理部门1 000元。原始凭证包括库存材料领料单多张（只举一个例子），发出材料汇总表等（见表3－1、表3－2）。

表3－1　　某企业领料单

领料部门：生产车间

用　　途：生产A产品　　　　20××年××月××日　　　　发料仓库：1号

材料类别	材料编号	名称	规格	单位	数量		单价	金额
					请领	实发		
Ⅱ	01	甲材料		千克	1 500	1 500	20	30 000
合　计								¥30 000

第二联　记账联

发料部门核准人：周九　　发料人：张七　　发料部门负责人：江十　　领料人：杨四

表3－2　　发出材料汇总表　　单位：元

项　目	甲材料	乙材料	丙材料	合　计
生产产品用				
A产品	30 000	4 000		34 000
B产品	15 000	1 000	500	16 500
小　计	45 000	5 000	500	50 500
生产车间一般耗用		1 000	1 500	2 500
管理部门耗用		800	200	1 000
合　计	45 000	6 800	2 200	54 000

这笔经济业务的发生，使费用和资产两类会计要素受到影响。一方面企业的成本、费用增加54 000元；另一方面使企业的原材料减少54 000元。

原材料的减少应记入“原材料”账户的贷方；原材料的耗费一部分是为生产产品，增加了生产费用，因此应直接记入“生产成本”账户的借方；而另一部分材料耗费属于车间一般耗用和管理部门耗用，分别属于间接生产费用和管理费用，应记入“制造费用”和“管理费用”账户的借方。根据“发出材料汇总表”，企业应作会计分录如下：

借：生产成本——A产品　　34 000

　　　　　　——B产品　　16 500

　　制造费用　　2 500

　　管理费用　　1 000

贷：原材料——甲材料　　45 000

　　　　　——乙材料　　6 800

　　　　　——丙材料　　2 200

（二）人工费用的会计核算

为了正确计算产品成本，企业必须正确地归集和分配工资薪酬费用。

会计人员从银行提取现金以备发放工资时，借记“库存现金”账户，贷记“银行存款”账户；实际发放工资时，借记“应付职工薪酬”账户，贷记“库存现金”账户；月末，将所发放的工资费用进行分配时，借记“生产成本”、“制造费用”、“管理费用”等账户，贷记“应付职工薪酬”账户。

【例3-10】 某公司职工工资60 000元，其中，支付生产A产品的工人工资20 000元，支付生产B产品的工人工资10 000元，支付车间管理人员的工资8 000元，支付企业行政管理人员的工资15 000元，支付销售人员的工资7 000元。原始凭证为自制工资表。

这笔经济业务的发生，一方面使企业的成本、费用增加60 000元；另一方面使企业应付职工薪酬这项负债增加60 000元。

应付职工薪酬的增加应记入“应付职工薪酬”账户的贷方；工资费用中的生产工人工资应记入“生产成本”账户的借方，车间管理人员工资和企业管理人员工资、销售人员工资应分别记入“制造费用”、“管理费用”、“销售费用”账户的借方。企业应作会计分录如下：

借：生产成本——A产品	20 000	
——B产品	10 000	
制造费用	8 000	
管理费用	15 000	
销售费用	7 000	
贷：应付职工薪酬——工资		60 000

（三）其他生产经营费用的会计核算

【例3-11】 某企业以银行存款支付车间管理部门办公费600元，行政管理部门办公费3 000元。

这笔经济业务的发生，使企业费用和资产两类会计要素受到影响。一方面使车间管理部门和行政管理部门的费用增加；另一方面使资产中“银行存款”项目减少。车间管理部门和行政管理部门的费用增加应分别记入“制造费用”和“管理费用”账户的借方；银行存款的减少应记入“银行存款”账户的贷方。根据原始凭证（购物发票、支票存根），企业应作会计分录如下：

借：制造费用　　600

　管理费用　　3 000

　贷：银行存款　　3 600

【例 3－12】　月末，公司计提本月固定资产折旧费用 12 000 元，其中：生产车间计提折旧 8 000 元，行政管理部门计提折旧 4 000 元。折旧费用分配表如表 3－3：

表 3－3　　折旧费用分配表　　单位：元

使用部门	固定资产项目	上月折旧额	上月增加固定资产		上月减少固定资产		本月折旧额	分配费用
			原价	折旧额	原价	折旧额		
A车间	厂房 机器设备 其他设备 小计	3 000 5 000 8 000					3 000 5 000 8 000	制造费用
厂部管理部门	房屋建筑 运输工具 小计	2 000 2 000 4 000					2 000 2 000 4 000	管理费用
合计		12 000					12 000	

固定资产在使用过程中，由于损耗而逐渐减少的价值称为固定资产折旧，其货币表现称为折旧费用。

这笔经济业务发生，一方面使折旧费用增加了 12 000 元，其中生产车间固定资产折旧费用增加 8 000 元，由于不能确定将其计入哪一种产品的成本，属于间接费用，故应借记“制造费用”账户；行政管理部门固定资产折旧费用 4 000 元，属于不能计入产品成本的期间费用，应借记“管理费用”账户。另一方面计提固定资产折旧，意味着固定资产价值的减少，本应记入“固定资产”账户的贷方，但这样会使固定资产账户难以反映固定资产原始价值，因此，需开设“累计折旧”账户，通过其贷方反映固定资产因损耗而减少的价值。本业务计提固定资产折旧 12 000 元，应贷记“累计折旧”账户。根据原始凭证，即自制的固定资产折旧费用分配表，企业应作会计分录如下：

借：制造费用　　8 000
　　管理费用　　4 000
　贷：累计折旧　　12 000

【例 3-13】 某企业职工王麻子出差预借差旅费 3 000 元，以现金支付。

这笔经济业务的发生，使资产类会计要素发生一增一减的变化。一方面企业资产中的其他应收款增加 3 000 元；另一方面企业资产中的库存现金减少了 3 000 元。

库存现金减少应记入"库存现金"账户的贷方，其他应收款的增加应记入"其他应收款"账户的借方。根据原始凭证（借款单），企业应作会计分录如下：

借：其他应收款——王麻子　　3 000
　贷：库存现金　　3 000

【例 3-14】 12 月 30 日，本月发生电费 4 500 元，其中生产车间用电 4 200 元，管理部门用电 300 元，款项已通过银行支付。原始凭证为费用报销单、电费发票、自制的电费分配明细表等。

这笔经济业务的发生，使企业资产和费用两类会计要素发生变化。一方面企业的成本、费用增加 4 500 元；另一方面企业银行存款这项资产减少 4 500 元。

银行存款的减少应记入"银行存款"账户的贷方；电费中属于生产车间耗用的部分，应记入"制造费用"账户的借方，属于企业行政管理部门耗用的部分，应记入"管理费用"账户的借方。根据原始凭证，企业应作会计分录如下：

借：制造费用　　4 200
　　管理费用　　300
　贷：银行存款　　4 500

（四）制造费用的分配

制造费用是产品成本的组成部分，平时发生的制造费用应在"制造费用"账户的借方进行归集，月末再将"制造费用"账户借方归集的数额按一定的标准进行分配，计入有关的产品成本中。制造费用一般根据生产产品的工时或生产工人工资比例进行分配。其分配计算公式为：

$$\text{某车间制造费用分配率}=\frac{\text{该车间本期待分配制造费用总额}}{\text{车间内各种产品生产总工时（或生产工人工资总额）}}$$

$$\text{某种产品应分配的制造费用}=\frac{\text{该种产品的生产工时}}{\text{（或生产工人工资）}}\times\text{制造费用分配率}$$

（五）结转完工产品的生产成本

在计算产品成本时，应将生产过程中发生的各项生产费用，按产品的名称或类别进行归集和分配，以便分别计算各种产品的总成本和单位成本。月末，根据计算出的完工产品成本，借记“库存商品”账户，贷记“生产成本”账户。完工产品成本的计算公式如下：

完工产品总成本 = 期初在产品成本 + 本期发生的生产费用 - 期末在产品成本
产品单位成本 = 完工产品总成本 ÷ 完工产品数量

三、生产业务会计核算需要设置的主要账户

1. “生产成本”账户

“生产成本”账户属于成本费用类账户，用来核算企业为生产产品所发生的各项费用，并计算产品的实际生产成本。该账户的借方登记月份内所发生的全部生产费用，包括直接材料、直接人工和其他直接费用以及分配的制造费用；贷方登记结转完工验收入库产品的实际生产成本；期末余额在借方，反映尚未加工完成的各项在产品的实际生产成本。该账户按产品品种设置明细账，进行明细核算。

“生产成本”账户的结构如图 3 – 16：

借　　　　　生产成本	贷
期初余额：反映期初企业尚未加工完成的各项在产品的实际生产成本	
登记构成产品成本的各项费用 ①登记直接材料费用 ②登记直接人工费用 ②登记其他直接费用 ③登记分配的制造费用	登记结转完工验收入库产品的实际生产成本
期末余额：反映期末尚未加工完成的各项在产品的实际生产成本	

图 3 – 16　生产成本的账户结构

2. “制造费用”账户

“制造费用”账户属于成本费用类账户，用来核算企业生产车间（部门）为生产产品和提供劳务而发生的各项间接费用。该账户的借方登记当期所发生的各项制造费用，贷方登记期末转出的制造费用，期末一般无余额。该账户可按不同的生产车间、部门和费用项目进行明细核算。

“制造费用”账户的结构如图 3－17：

借　　　　制造费用	贷
登记本期发生的各项制造费用 ①登记间接材料费用 ②登记间接人工费用 ③登记其他间接费用 ④登记生产车间计提的固定资产折旧费	登记期末结转到生产成本中的制造费用

图 3－17　制造费用的账户结构

3. “管理费用”账户

“管理费用”账户属于损益类账户，用来核算企业为组织和管理生产经营所发生的各项管理费用，包括企业在筹建期间发生的开办费、董事会和行政管理部门发生的公司经费、工会经费、业务招待费、董事会会费、劳动保险费、聘请中介机构费、咨询资、诉讼费、房产税、车船使用税、土地使用税、印花税、技术转让费、矿产资源补偿费、研究费用等。该账户的借方登记当期发生的各项管理费用，贷方登记期末转入“本年利润”的数额，结转后该账户无余额。本账户应按费用项目分设明细账，进行明细核算。

“管理费用”账户的结构如图 3－18：

借　　　　管理费用	贷
登记企业发生的各项管理费用	登记期末转入“本年利润”账户的数额

图 3－18　管理费用的账户结构

4. “库存商品”账户

“库存商品”账户属于资产类账户，用来核算企业完工入库产品的实际生产成本。该账户的借方核算已经完工验收入库产品的实际生产成本；贷方核算已经出售的各种产品的实际生产成本；期末余额在借方，反映库存产成品的实际生产成本。该账户应按产品的品种、类别设置明细科目。

“库存商品”账户的结构如图 3－19：

借　　　　库存商品	贷
期初余额：反映期初企业库存产成品的实际生产成本	
登记完工验收入库产成品的实际生产成本	登记本月发出（销售或非销售原因减少）产成品的实际生产成本
期末余额：反映期末库存产成品的实际生产成本	

图 3－19　库存商品的账户结构

5.“应付职工薪酬”账户

“应付职工薪酬”账户属于负债类账户，用来核算企业根据有关规定应付给职工的各种薪酬，包括应付职工的工资、奖金、津贴、福利、工会经费、教育经费、住房公积金、社会保险等。该账户的贷方登记应付职工的各种薪酬；借方登记企业以各种形式支付给职工的薪酬；期末余额在贷方，反映企业应付未付的职工薪酬。该账户应按“工资”、“职工福利”、“社会保险费”、“住房公积金”、“工会经费”、“职工教育经费”、“非货币性福利”、“辞退福利”、“股份支付”等进行明细核算。

“应付职工薪酬”账户的结构如图 3－20：

借　　　　应付职工薪酬	贷
	期初余额：反映企业期初应付未付的职工薪酬
登记企业以各种形式支付给职工的薪酬	登记企业应付职工的各种薪酬
	期末余额：反映企业期末应付未付的职工薪酬

图 3－20　应付职工薪酬的账户结构

6.“累计折旧”账户

“累计折旧”账户属于资产类账户，是“固定资产”账户的抵减（备抵调整）账户，用来核算固定资产因磨损和贬值而减少的价值。该账户的贷方登记当期计提的固定资产的折旧额；借方登记因出售、报废、清理、盘亏等原因减少固定资产而相应转销的已提折旧额；期末余额在贷方，反映现有固定资产的累计折旧额。

"累计折旧"账户的结构如图3－21：

借	累计折旧　　　　贷
	期初余额：反映企业期初固定资产的累计折旧额
登记因出售、报废、清理、盘亏等原因减少固定资产而相应转销的已提折旧额	登记当期计提的固定资产折旧额
	期末余额：反映企业期末固定资产的累计折旧额

图3－21　累计折旧的账户结构

第四节　销售环节经济业务的会计核算和相关账户

一、销售业务的主要内容

在产品销售过程中，企业将验收入库的产成品按合同规定销售给购货方，取得产品销售收入，并向购货方结算货款。在取得产品销售收入的同时，应结转为制造这些产成品而耗费的生产成本，即产品销售成本。为了将产品销售出去，在销售过程中还会发生一些诸如产品的运输费、装卸费、包装费、广告费以及销售机构的职工薪酬等销售费用。企业在取得产品销售收入时，还应按国家税法规定计算并缴纳税金。

销售过程核算主要包括主营业务收入和其他业务收入的确认、营业成本的结转（有关结转的概念下文将会提到，读者先记下）、销售费用及相关税金的核算。

二、销售业务的会计核算

（一）主营业务收入的核算

企业销售产品，当产品的销售活动已经完成时，就要确认销售收入，借记“应收账款”、“应收票据”、“银行存款”等账户，贷记“主营业务收入”、“应交税费——应交增值税”等账户。

【例3-15】 某企业向振华公司销售A产品80件，每件不含税售价300元，增值税税率17%，款项已收到并存入银行。

这笔经济业务的发生，使企业资产、负债、收入三类会计要素发生变化。一方面使企业资产中的“银行存款”项目增加28 080元；另一方面使企业负债中的“应交增值税”增加4 080元；此外还使企业的销售收入增加24 000元。

银行存款的增加应记入“银行存款”账户的借方，应交增值税的增加应记入“应交税费——应交增值税”账户的贷方，销售收入的增加应记入“主营业务收入”账户的贷方。根据原始凭证，企业应作会计分录如下：

借：银行存款	28 080	
贷：主营业务收入		24 000
应交税费——应交增值税（销项税额）		4 080

【例3-16】 按照合同规定，某企业预收宏大公司购买A产品的货款56 160元，这笔货款已收到并存入银行。

在这笔业务中，虽然企业收到了货款（具有定金的性质），但产品并没有发出，销售活动没有完成，按照权责发生制原则不能确认为当期的收入。

这笔经济业务的发生，使企业资产、负债两类会计要素发生变化。一方面使企业资产中的银行存款项目增加56 160元；另一方面使企业负债中的预收账款项目增加56 160元。

企业银行存款的增加应记入“银行存款”账户的借方，预收账款的增加应记入“预收账款”账户的贷方。根据原始凭证，企业应作会计分录如下：

借：银行存款	56 160	
贷：预收账款——宏大公司		56 160

【例3-17】 某企业向预付货款的宏大公司发出A产品160件，价值48 000元，增值税税率17%，开出销售发票，冲销已预收该公司的款项。

这笔经济业务发生后，企业的产品销售活动已经完成，按权责发生制原则，企业应该将其确认为本期的收入，同时减少企业预收账款这一负债。

这笔经济业务的发生，使企业负债、收入两类会计要素发生变化。一方面使企业负债中的预收账款减少56 160元；另一方面使企业负债中的应交增值税增加8 160元；此外还使企业的销售收入增加48 000元。

预收账款这一负债的减少应记入“预收账款”账户的借方，应交增值税这一负债的增加应记入“应交税费——应交增值税（销项税额）”账户的贷方，销售收入的增加应记入“主营业务收入”账户的贷方。根据原始凭证，企业应作会计分录如下：

借：预收货款　　56 160
　贷：主营业务收入　　48 000
　　应交税费——应交增值税（销项税额）　　8 160

【例3-18】 收到宏大公司的转账支票一张，用于支付其前欠货款7 550元，支票已交存开户银行。

这笔经济业务的发生，使企业资产类会计要素发生一增一减的变化。一方面企业资产中的银行存款项目增加7 550元；另一方面企业资产中的应收账款项目减少7 550元。

企业银行存款的增加应记入“银行存款”账户的借方，应收账款的减少应记入“应收账款”账户的贷方。根据原始凭证，企业应作会计分录如下：

借：银行存款　　7 550
　贷：应收账款——宏大公司　　7 550

（二）结转已售产品的生产成本

月末，企业要汇总并结转已经售出产品的生产成本，借记“主营业务成本”账户，贷记“库存商品”账户。（**库存商品卖出去了，自然应该从“库存商品”账户中转出去。而有收入就应该有费用，此“库存商品”正好是该收入的原因，因此转入“主营业务成本”账户中去。**）

【例3-19】 月末，结转已销A、B产品的实际生产成本，A产品单位成本118.6元，B产品单位成本72.75元，共计35 739元。原始凭证为自制的结转成本单据。

这笔经济业务的发生，使企业的资产、费用两类会计要素发生变化。一方面企业资产中的库存商品减少35 739元；另一方面因月末结转已销产品的生产成本而使企业的销售成本增加35 739元。

产品销售成本的增加应记入“主营业务成本”账户的借方，库存产品的减少应记入“库存商品”账户的贷方。根据原始凭证，企业应作会计分录如下：

借：主营业务成本　　35 739
　贷：库存商品——A产品　　28 464
　　　　　　——B产品　　7 275

（三）销售费用的核算

【例 3-20】 公司以银行存款支付销售产品的广告宣传费 6 000 元，销货运杂费 1 053 元。

这笔经济业务的发生，使企业资产、费用两类会计要素发生变化。一方面企业费用要素中的销售费用增加 7 053 元；另一方面企业资产中的银行存款减少 7 053 元。

销售费用的增加应记入“销售费用”账户的借方，银行存款的减少应记入“银行存款”账户的贷方。根据原始凭证，企业应作会计分录如下：

借：销售费用　　7 053
　贷：银行存款　　7 053

（四）其他业务收支的核算

【例 3-21】 公司出售不需用的丙材料一批，价值 7 000 元，增值税税率 17%，款项已经收到并存入银行。

这笔经济业务的发生，使企业资产、负债、收入三类会计要素发生变化。一方面企业资产中的银行存款增加 8 190 元；另一方面企业负债中的应交增值税增加 1 190 元；此外企业的其他业务收入增加 7 000 元。

银行存款的增加应记入“银行存款”账户的借方，应交增值税的增加应记入“应交税费——应交增值税”账户的贷方，其他业务收入的增加应记入“其他业务收入”账户的贷方。根据原始凭证，企业应作会计分录如下：

借：银行存款　　8 190
　贷：其他业务收入　　7 000
　　　应交税费——应交增值税（销项税额）　　1 190

结转已售丙材料的实际成本 3 500 元，企业应作会计分录如下：

借：其他业务成本　　3 500
　贷：原材料——丙材料　　3 500

（五）营业税金及附加的核算

企业应按税法规定缴纳各种税费。因此，为了核算在经济业务中发生的营业税、消费税、城市维护建设税、资源税和教育费附加等相关税费，企业需设立“营业税金及附加”账户。

【例 3-22】 月末，某企业根据当月应交增值税 1 700 元，计提当月应交的城市维护建设税119元，教育费附加51元。

这笔经济业务的发生，使企业的负债、费用两类会计要素发生变化。一方面使企业应从销售收入中抵减的营业税金增加170元；另一方面因计算出的税金尚未缴纳，使企业负债中的应交税费增加170元。

城市维护建设税和教育费附加的计提应记入“营业税金及附加”账户的借方，应交未交税费的增加应记入“应交税费”账户的贷方。根据原始凭证，企业应作会计分录如下：

借：营业税金及附加	170	
贷：应交税费——应交城市维护建设税		119
——应交教育费附加		51

三、销售业务核算需要设置的主要账户

企业销售产品，向购货方结算货款主要有四种情况：（1）企业销售产品收到货款；（2）企业销售产品收到购货方承兑或购货方开户银行承兑的商业汇票；（3）赊销产品；（4）预收购货方货款。

1.“主营业务收入”账户

“主营业务收入”账户属于损益类账户，用来核算企业确认的因销售商品、提供劳务等而确认的收入。该账户的贷方登记销售产品或提供劳务所取得的收入，借方登记发生的销售退回和期末转入“本年利润”账户的数额，期末结转后该账户无余额。该账户应按主营业务的种类设置明细账，进行明细核算。

“主营业务收入”账户的结构如图3-22：

借　　　　主营业务收入	贷
①登记发生的销售退回 ②期末转入“本年利润”账户的数额	登记销售产品或提供劳务所取得的收入

图3-22　主营业务收入的账户结构

2.“主营业务成本”账户

“主营业务成本”账户属于损益类账户，用来核算企业确认销售商品、提供劳务等主营业务收入时应结转的成本。该账户借方登记结转已销售产品、提供劳务等的实际成本，贷方登记因销售退回而退回已售产品的制造成

本及期末转入“本年利润”账户的数额，期末结转后该账户无余额。该账户应按主营业务的种类设置明细账，进行明细核算。

“主营业务成本”账户的结构如图3－23：

借　　　　主营业务成本	贷
登记结转已销售产品、提供劳务等的实际成本	①登记因销售退回而退回已售产品的制造成本 ②期末转入“本年利润”账户的数额

图3－23　主营业务成本的账户结构

3.“销售费用”账户

“销售费用”账户属于损益类账户，用来核算企业销售商品和材料、提供劳务过程中所发生的各种费用，包括保险费、运输费、装卸费、包装费、展览费和广告费、商品维修费、预计产品质量保证损失等，以及为销售商品而专设的销售机构的职工工资、福利费等。该账户借方登记发生的各种销售费用，贷方登记期末转入“本年利润”的数额，期末结转后该账户无余额。本账户可按费用项目设置明细账，进行明细核算。

“销售费用”账户的结构如图3－24：

借　　　　销售费用	贷
登记发生的各种销售费用	登记期末转入“本年利润”账户的数额

图3－24　销售费用的账户结构

4.“营业税金及附加”账户

“营业税金及附加”账户属于损益类账户，用来核算企业经营活动发生的消费税、营业税、城市维护建设税、资源税和教育费附加等相关税费。该账户借方登记按规定计算的与经营活动相关的税费，贷方登记期末转入“本年利润”账户的金额，期末结转后无余额。

“营业税金及附加”账户的结构如图3－25：

借　　　　营业税金及附加	贷
登记与经营活动相关的税费	登记期末转入“本年利润”账户的数额

图3－25　营业税金及附加的账户结构

5. **“其他业务收入”账户**

“其他业务收入”账户属于损益类账户，用来核算企业确认的除主营业务活动以外的其他经营活动实现的收入，包括出租固定资产、出租无形资产、出租包装物、销售材料等实现的收入。该账户贷方登记企业确认的其他业务收入，借方登记期末转入“本年利润”账户的数额，期末结转后该账户无余额。该账户应按其他业务收入种类设置明细账，进行明细核算。

“其他业务收入”账户的结构如图 3－26：

借　　　　其他业务收入	贷
登记期末转入“本年利润”账户的数额	登记企业确认的其他业务收入

图 3－26　其他业务收入的账户结构

6. **“其他业务成本”账户**

“其他业务成本”账户属于损益类账户，用来核算企业确认的除主营业务活动以外的其他经营活动发生的支出，包括出租固定资产的折旧额、出租无形资产的摊销额、出租包装物的成本或摊销额、销售材料的成本等。该账户借方登记企业发生的其他业务成本，贷方登记期末转入“本年利润”账户的数额，期末结转后该账户无余额。该账户应按其他业务成本的种类设置明细账，进行明细核算。

“其他业务成本”账户的结构如图 3－27：

借　　　　其他业务成本	贷
登记企业发生的其他业务成本	期末转入“本年利润”账户的数额

图 3－27　其他业务成本的账户结构

7. **“应收账款”账户**

“应收账款”账户属于资产类账户，用来核算企业因销售商品、提供劳务等经营活动而应向购货单位或接受劳务单位收取的款项。该账户借方登记应向购货单位或接受劳务单位收取的款项，贷方登记已收回或转销的款项。期末借方余额反映企业尚未收回的款项；期末如为贷方余额，反映企业预收的账款。本账户应按债务人设置明细账，进行明细核算。

“应收账款”账户的结构如图 3－28：

借　　　　应收账款　　　　贷	
期初余额：反映企业期初尚未收回的款项	
登记企业因销售商品、提供劳务等经营活动而发生的应收款项	登记已收回或转销的款项
期末余额：反映企业期末尚未收回的款项	

图 3-28　应收账款的账户结构

8. “应收票据”账户

“应收票据”账户属于资产类账户，用来核算因销售商品、提供劳务等经营活动而收到的商业汇票。该账户借方登记企业实际收到的商业汇票的票面金额；贷方登记票据到期收回的票面金额；期末余额在借方，反映企业持有的商业汇票的票面金额。本账户可按开出、承兑商业汇票的单位设置明细账，进行明细核算。

“应收票据”账户的结构如图 3-29：

借　　　　应收票据　　　　贷	
期初余额：反映企业期初持有的商业汇票的票面金额	
登记企业因销售商品、提供劳务等经营活动而收到的商业汇票	①登记应收票据到期收回的票款 ②登记应收票据到期未收回票款而转入“应收账款”账户的票款 ③登记企业持有未到期应收票据向银行贴现款
期末余额：反映企业期末持有的商业汇票的票面金额	

图 3-29　应收票据的账户结构

9. “预收账款”账户

“预收账款”账户属于负债类账户，用来核算企业向购货单位预收的款项。该账户贷方登记预收的购货单位的货款和购货单位补付的货款；借方登记向购货单位发出商品实现销售的货款和退回多付的货款。期末余额一般在贷方，反映企业预收购货单位的货款；期末如为借方余额，反映企业应收的货款和退回多收的货款。本账户应按购货单位名称设置明细账。

“预收账款”账户的结构如图 3 – 30：

借　　　　预收账款	贷
	期初余额：反映企业期初实际预收购货单位款项
①登记企业商品销售实现的货款 ②登记企业退回多付的货款	①登记预收的购货单位的货款 ②登记收到购货单位补付的货款
期末余额：反映企业应收的货款和退回多收的货款	期末余额：反映企业期末实际预收购货单位款项

图 3 – 30　预收账款的账户结构

第五节　利润计算及分配环节经济业务的会计核算和相关账户

在第一章中我们说过，会计核算包括“**财务成果的计算和处理**”，这里来讲讲这个问题。

一、利润计算及其分配

（一）利润的形成

利润是指企业在一定会计期间内全部经营活动的成果。利润的计算是通过将一定会计期间内经营活动产生的各项收入抵减各项费用后求出的。收支相抵后若为正数，表示盈利；若为负数，则表示亏损。

利润的相关计算公式如下：

1. 营业利润

营业利润 = 营业收入 – 营业成本 – 营业税金及附加 – 销售费用 – 管理费用 – 财务费用 – 资产减值损失 + 公允价值变动收益（ – 公允价值变动损失） + 投资收益（ – 投资损失）

其中：

（1）营业收入是指企业经营业务而产生的收入总额，包括主营业务收入和其他业务收入。营业成本是指企业经营业务而产生的成本总额，包括主营业务成本和其他业务成本。

（2）销售费用是指企业在销售商品和材料、提供劳务过程中发生的各种费用，包括保险费、包装费、展览费和广告费、销售机构的职工薪酬、业务费、折旧费等经营费用。

（3）管理费用是指企业为组织和管理企业生产经营所发生的管理费用，包括企业的董事会和行政管理部门在企业的经营管理过程中发生的，或者应当由企业统一负担的公司经费（包括行政管理部门职工薪酬、办公费和差旅费等）、工会经费、存货盘亏或盘盈（不包括应计入营业外支出的存货损失）、计提的坏账准备和存货跌价准备等。

（4）财务费用是指企业为筹集生产经营所需要资金等而发生的费用，包括应当作为期间费用的利息支出（减利息收入）以及相关的手续费等。

（5）投资收益（或损失）是指企业对外投资所取得的收益（或发生的损失），包括企业投资分得的投资利润、债券投资的利息收入、购买股票应分的股利等。

2. **利润总额**

利润总额＝营业利润＋营业外收入－营业外支出

其中：营业外收支包括营业外收入和营业外支出，是指企业发生的与其生产经营活动无直接关系的各项收入和各项支出。

（1）营业外收入包括固定资产盘盈、处置固定资产净收益等。

（2）营业外支出包括固定资产盘亏、处置固定资产净损失、罚款支出、捐赠支出等。

3. **净利润**

净利润＝利润总额－所得税费用

企业的净利润是指利润总额扣除应负担的所得税费用后的净额。

（二）利润的分配

企业取得的净利润，应按规定进行分配。依据我国相关法规的规定，一般企业和股份有限公司每期实现的净利润，首先是弥补以前年度尚未弥补的亏损，然后按下列顺序进行分配：

（1）提取法定盈余公积；

（2）向投资者分配利润。

二、利润计算及其分配的会计核算

（一）取得营业外收入

【例3-23】 经批准，企业没收逾期未退的包装物的押金2 000元，转入营业外收入。

这笔经济业务的发生，使企业的负债、损益两类会计要素发生变化。一方面使负债中的其他应付款项目减少2 000元；另一方面企业没收的押金使企业的营业外收入项目增加2 000元。

其他应付款的减少应记入“其他应付款”账户的借方，营业外收入的增加应记入“营业外收入”账户的贷方。根据原始凭证，企业应作会计分录如下：

借：其他应付款	2 000	
贷：营业外收入		2 000

（二）发生营业外支出

【例3-24】 企业因生产造成对环境污染未得到有效治理而受到2 000元的处罚，已用银行存款支付。原始凭证为罚款单及其明细。

这笔经济业务的发生，使企业的资产、损益两类会计要素发生变化。一方面使资产中的银行存款项目减少2 000元；另一方面企业负担的罚款使企业的营业外支出项目增加2 000元。

银行存款的减少应记入“银行存款”账户的贷方，营业外支出的增加应记入“营业外支出”账户的借方。根据原始凭证，企业应作会计分录如下：

借：营业外支出	2 000	
贷：银行存款		2 000

（三）期末对损益类账户的结转

企业在会计期末应将损益类账户中的收入、收益类账户期末余额结转至

“本年利润”账户，即借记“主营业务收入”、“其他业务收入”、“营业外收入”等账户，贷记“本年利润”账户；同时将损益类账户中的成本费用类账户期末余额结转至“本年利润”账户，借记“本年利润”账户，贷记“主营业务成本”、“其他业务成本”、“营业税金及附加”、“管理费用”、“销售费用”、“财务费用”、“营业外支出”、“所得税费用”账户。

（四）计算并结转所得税

应交所得税税额 = 应纳税所得额 ×25%

根据应交所得税税款，贷记“应交税费——应交所得税”账户，借记“所得税费用”账户。将“所得税费用”账户余额结转至“本年利润”账户，贷记“所得税费用”账户，借记“本年利润”账户。

（五）利润的分配

年终决算时，企业应将全年实现的净利润自“本年利润”账户转入“利润分配——未分配利润”账户，结平“本年利润”账户，即借记“本年利润”账户，贷记“利润分配——未分配利润”账户。如果企业“本年利润”余额在借方，即企业年度发生亏损，则借记“利润分配——未分配利润”账户，贷记“本年利润“账户。

企业应按10%的比例计提盈余公积，之后应把部分净利润分配给投资者。

三、利润计算及分配核算需设置的会计科目

1. “营业外收入”账户

“营业外收入”账户属于损益类账户，用来核算企业发生的各项营业外收入，包括非流动资产处置利得、非货币性资产交换利得、债务重组利得、盘盈利得、捐赠利得、政府补助等。该账户贷方登记企业所取得的各项营业外收入，借方登记期末转入“本年利润”账户的数额，结转后该账户无余额。该账户应按营业外收入项目设置明细账，进行明细核算。

“营业外收入”账户的结构如图3－31：

借　　　　营业外收入	贷
登记期末转入“本年利润”账户的数额	登记企业取得的各项营业外收入

图 3-31　营业外收入的账户结构

2. “营业外支出”账户

“营业外支出”账户属于损益类账户，用来核算企业发生的各项营业外支出，包括非流动资产处置损失、非货币性资产交换损失、债务重组损失、公益性捐赠支出、非常损失、盘亏损失等。该账户借方登记企业发生的各种营业外支出，贷方登记期末转入“本年利润”账户的金额，结转后无余额。该账户应按营业外支出项目设置明细账，进行明细核算。

“营业外支出”账户的结构如图 3-32：

借　　　　营业外支出	贷
登记企业发生的各种营业外支出	登记期末转入“本年利润”账户的数额

图 3-32　营业外支出的账户结构

3. “财务费用”账户

“财务费用”账户属于损益类账户，用来核算企业为筹集生产经营所需资金而发生的筹资费用，包括利息支出（减利息收入）、汇兑损益以及相关的手续费、企业发生的现金折扣或收到的现金折扣等。该账户的借方登记当期发生的各项财务费用，贷方登记期末转入“本年利润”账户的金额，结转后该账户无余额。本账户应按费用项目分设明细账，进行明细核算。

“财务费用”账户结构如图 3-33：

借　　　　财务费用	贷
登记企业为筹集资金发生的利息支出和汇兑损失、手续费等财务费用	①登记发生的利息收入、汇兑收益 ②登记期末转入“本年利润”账户的数额

图 3-33　财务费用的账户结构

4. “所得税费用”账户

“所得税费用”账户属于损益类账户，用来核算企业确认的应从当期利润总额中扣除的所得税费用。该账户的借方登记企业按照税法规定计算确定的当期应交所得税，贷方登记期末转入“本年利润”账户的金额，结转后该账户无余额。本账户可按“当期所得税费用”和“递延所得税费用”分设明细账，进行明细核算。

“所得税费用”账户的结构如图3－34：

借　　　　　　　　　所得税费用	贷
登记企业按照税法规定计算确定的当期应交所得税	登记期末转入“本年利润”账户的数额

图3－34　所得税费用的账户结构

5.“本年利润”账户

“本年利润”账户属于所有者权益类账户，用来核算企业一定时期内实现的净利润或发生的亏损。该账户的贷方登记期末转入的当期主营业务收入、其他业务收入、营业外收入、补贴收入以及投资净收益的金额；借方登记期末转入的当期主营业务成本、其他业务成本、营业税金及附加、销售费用、管理费用、财务费用、投资净损失、营业外支出以及所得税费用的金额。“本年利润”账户如为贷方余额，表示企业本期累计实现的净利润；若为借方余额则表示企业本期累计发生的净亏损。年终应将“本年利润”账户的余额转入“利润分配”账户，结转后本账户应无余额。

“本年利润”账户的结构如图3－35：

借　　　　　　　　　本年利润	贷
登记结转的各项费用、成本 ①主营业务成本 ②其他业务成本 ③营业税金及附加 ④管理费用 ⑤销售费用 ⑥财务费用 ⑦投资净损失 ⑧所得税费用 ⑨营业外支出	登记结转的各项收入、收益 ①主营业务收入 ②其他业务收入 ③投资净收益 ④营业外收入 ⑤补贴收入

图3－35　本年利润的账户结构

6.“利润分配”账户

“利润分配”账户属于所有者权益类账户，用来核算企业利润的分配

（或亏损的弥补）和历年分配（或弥补）后的余额。该账户借方登记分配的利润及年末从“本年利润”账户转入的当年亏损金额，贷方登记从“本年利润”账户转入的当年净利润金额以及以盈余公积弥补亏损转入的金额。期末余额在贷方，反映企业累计未分配的利润；如果期末余额在借方，表示累计未弥补的亏损。该账户应按所分配的项目设置明细账，进行明细核算。

“利润分配”账户的结构如图 3－36：

借　　　　　　　　利润分配　　　　　　　　贷

期初余额：反映企业期初累计未弥补的亏损	期初余额：反映企业期初累计未分配的利润
①登记分配的利润 ②年末从“本年利润”账户转入的当年亏损金额	①年末从“本年利润”账户转入的当年净利润 ②以盈余公积弥补亏损转入的金额
期末余额：反映企业期末累计未弥补的亏损	期末余额：反映企业期末累计未分配的利润

图 3－36　利润分配的账户结构

7. “盈余公积”账户

“盈余公积”账户属于所有者权益类账户，用来核算企业按规定比例从净利润中提取的盈余公积。该账户的贷方登记按规定提取的盈余公积数；借方登记用盈余公积弥补亏损及转增资本而减少的金额；期末余额在贷方，反映企业期末盈余公积的实有数。该账户应按所提取的盈余公积的种类设置明细账，进行明细核算。

“盈余公积”账户的结构如图 3－37：

借　　　　　　　　盈余公积　　　　　　　　贷

	期初余额：反映企业期初盈余公积的数额
①用盈余公积弥补亏损 ②转增资本而减少的金额	登记按规定提取的盈余公积数
	期末余额：反映企业期末盈余公积的数额

图 3－37　盈余公积的账户结构

第四章

会计怎么干

——一个详细的流程

前面介绍了会计核算的基本处理程序，见图 4－1：

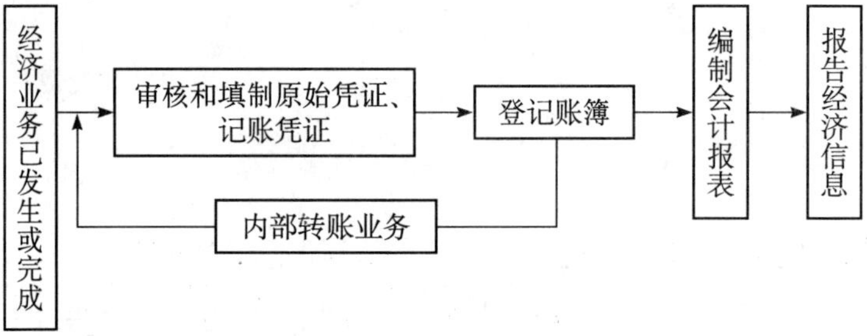

图 4－1　会计核算的基本处理程序

本章将介绍一个详细的会计核算处理程序，具体如图 4－2：

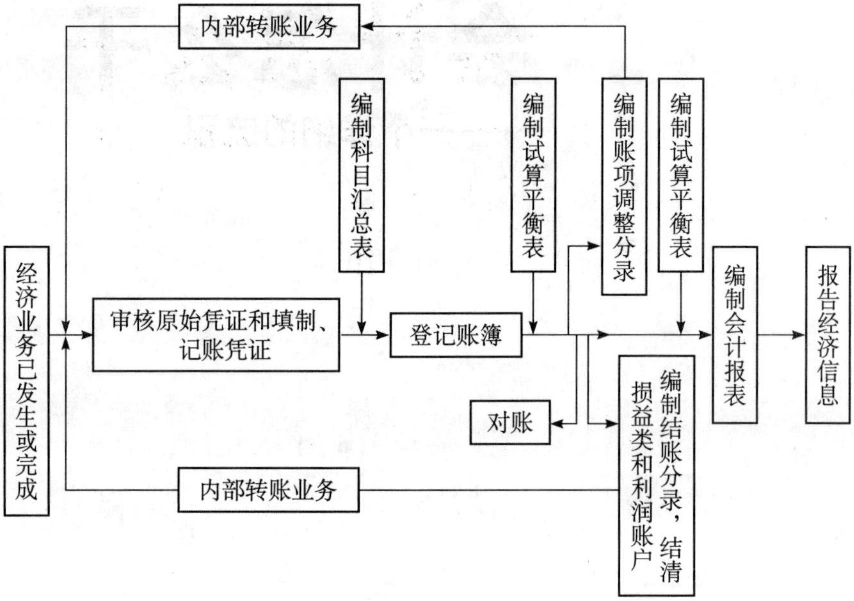

图 4－2　会计核算的详细处理程序

（图 4－2 中的“审核原始凭证和填制记账凭证”环节在第二章中已经介绍过）

请读者先看以下几个例题（本书中的例题为 2005—2008 年各地会计从业资格考试的真题）：

（1）下列会计事项处理时，不必编制记账凭证的是（　　）。

A. 期末将“主营业务收入”结转入“本年利润”账户

B. 期末“主营业务收入”账户更换新账簿，新旧账之间转记余额

C. 期末将“制造费用”结转入“生产成本”账户

D. 年度终了结账时，有余额账户，将余额结转下年

(2) 记账后，发现记账凭证中的金额有错误，导致账簿记录错误，不能采用的错账更正方法是(　　)。

A. 划线更正法　B. 红字更正法　C. 补充登记法　D. 重新抄写法

(3) 下列不属于登记账簿要求的是(　　)。

A. 为防止篡改，文字书写要占满格

B. 数字书写一般要占格距1/2

C. 将登记中不慎出现的空页划线注销

D. 根据红字冲账的记账凭证，用红字冲销错误记录

(4) 平行登记法下，总账与其所属明细账之间在数量上的勾稽关系是(　　)。

A. 总账账户的期初余额 = 所属明细账户期初余额合计

B. 总账账户的本期借方发生额 = 所属明细账户本期借方发生额合计

C. 总账账户的本期贷方发生额 = 所属明细账户本期贷方发生额合计

D. 总账账户的期末余额 = 所属明细账户期末余额合计

答案：(1) BD　(2) AD　(3) AC　(4) ABCD

第一节　记　账

一、登记账簿的规则

会计人员应当根据审核无误的会计凭证登记会计账簿。登记会计账簿的基本要求是：

1. 填写完整

登记账簿时，应依据会计凭证的日期、凭证编号、金额等将账簿填写清楚、正确，摘要的填写能概括经济业务的主要内容，登记要及时。如表4－1所示。

2. 在凭证上签名盖章

登记完毕后，要在记账凭证上签名或盖章，并注明已经登记入账的符号，打勾（即第二章第二节之“二——（三）”中的通用记账凭证的“记账✓”栏）表示已经记账。

表4－1　　　　　　　　**销　售　费　用**

第69页

20××年		凭证	摘　要	√	借　方										贷　方										借或	金　额									
月	日	号数			千	百	十	万	千	百	十	元	角	分	千	百	十	万	千	百	十	元	角	分	贷	千	百	十	万	千	百	十	元	角	分
1	26	28	展览费							4	0	0	0	0											借						4	0	0	0	0
	28	29	支付广告费						5	0	0	0	0	0											借					5	4	0	0	0	0
	31	37$\frac{5}{5}$	结转本年利润																5	4	0	0	0	0	平								0		
			本期发生额						5	4	0	0	0	0					5	4	0	0	0	0	平								0		

3. 文字、数字的书写

在账簿中书写文字和数字时，要在每格的上方留有空距，不要满格书写，文字和数字的高度一般占格高的二分之一，以备改错用。如表4－1所示。

4. 登记账簿及修改

登记账簿时，用蓝黑色墨水或者碳素墨水书写，不得使用圆珠笔或铅笔。但下列情况可用红色墨水：(1) 按红字冲账的记账凭证，冲销错误记录；(2) 画更正线、结账线和注销线。

5. 顺序登记

各种账簿按页次顺序连续登记，不得跳行、隔页，如出现跳行、隔页现象，应当将空行、空页画线注销，或注明"此行空白"、"此页空白"字样，并由记账人员签名或盖章。

6. 结出余额的账户

凡需要结出余额的账户，结出余额后，应在"借或贷"栏内，标明

“借”或“贷”字样。没有余额的账户，应在“借或贷”栏内，标明“平”字，并在余额栏内用“0”字表示。如表4－1所示。

7. 账页的结转

每一页登记完毕后结转下页时，应当结出本页的合计数及余额，并在本页最后一行的摘要栏内注明“过次页”字样；在次页的第一行，应将上页所结出的上页合计数及余额抄写下来，并在摘要栏内写明“承前页”字样。

8. 账簿的更正

账簿记录发生错误，不准涂改、挖补、刮擦或者用药水消除字迹，也不准重新抄写，而应按照规定的方法进行更正（见本章第三节相关内容）。

9. 实行会计电算化的单位，总账和明细账应当定期打印

发生收款和付款业务的，在输入收款凭证和付款凭证的当天，必须打印出现金日记账和银行存款日记账，并与库存现金核对无误。

二、平行登账

（一）总分类账与明细分类账平行登记的必要性

如第二章第二节所述，将账户分为总分类账和明细分类账的主要依据是账户提供信息的详细程度不同。显然，总分类账与明细分类账所登记反映的经济业务内容是相同的，仅仅是记录的详简程度不同。其中，总分类账提供的是总括的会计核算资料，对其所属明细分类账起着控制、统驭作用；明细分类账则提供具体、详细的会计核算资料，对总分类账起到补充说明的作用。

鉴于总分类账和明细分类账之间相互联系、相互制约的关系，记账时对总分类账和明细分类账要采用平行登记的方法。

（二）总分类账与明细分类账平行登记的要点

所谓平行登记，是指经济业务发生后，凡是涉及明细账户的同一笔经济业务，应根据会计凭证，在登记相关的总分类账户的同时，按照相同的方

向、相等的金额登记该总分类账所属的各有关明细分类账户。其登记的要点是：

（1）同时期登记。即对同一笔经济业务，在同一会计期间内，既要记入有关的总分类账，又要记入其所属的相关明细分类账，不能漏记或重记。

（2）同方向登记。即登记总分类账与登记明细分类账的方向一致。具体地说，总分类账的登记方向在借方，则其明细分类账也应该登记在借方；总分类账的登记方向在贷方，其明细分类账也应该登记在贷方。

（3）同金额登记。即当一笔经济业务记入一个总分类账的同时又记入几个明细分类账时，则记入总分类账的金额，应与记入几个明细分类账的金额之和相等。

三、编制科目汇总表

科目汇总表是根据一定时期内的全部记账凭证，按科目进行归类编制的，它是登记会计账簿（总分类账）的依据。

编制科目汇总表实际上是对当月记账凭证的汇总，程序如下：

（1）用T型账户分别对记账凭证进行科目汇总，编制科目汇总表工作底稿，借记T型账户左方，贷记T型账户右方（见表4－2）。

（2）各科目借贷方分别加总。

（3）将加总后的金额分别填写到科目汇总表中（见表4－3）。在科目汇总表中，分别计算出各总账科目的借方发生额合计数、贷方发生合计数。根据借贷记账法的记账规则，二者合计数应相等。

（4）在此基础上登记总分类账。

科目汇总表每月编一张（也可以每旬汇总一次，每月编制一张）。下面举例来说明：

根据记账凭证编制科目汇总表工作底稿（仅举管理费用一例）：

表4－2　　　　管理费用

现付×	1 300		
银付×	500		
转×	500		
合计	2 300	合计	0

（现付×、银付×、转×表示记账凭证号，其他科目同样）

根据工作底稿，编制200×年12月1日至10日科目汇总表，如表4－3所示。

表 4－3　　科目汇总表

200×年 12 月 10 日　　汇　字第 01 号

借方										会计科目	贷方									
千	百	十	万	千	百	十	元	角	分		千	百	十	万	千	百	十	元	角	分
					7	0	0	0	0	现金					3	0	0	0	0	0
				3	0	0	0	0	0	其他应收款					3	0	0	0	0	0
				2	3	0	0	0	0	管理费用										
										⋮										
1	1	6	0	5	4	9	6	5	6	合计	1	1	6	0	5	4	9	6	5	6

根据科目汇总表登记总账。

四、试算平衡

试算平衡是一种验算方法，就是根据会计平衡原理，对各账户记录的金额进行平衡试算，以检查账户记录是否正确。

试算平衡的基本公式是：

（1）全部账户的借方期初余额合计数＝全部账户的贷方期初余额合计数
（2）全部账户的借方本期发生额合计＝全部账户的贷方本期发生额合计
（3）全部账户的借方期末余额合计＝全部账户的贷方期末余额合计

如果上述三个方面都能保持平衡，说明记账工作基本上是正确的，否则就是说明记账工作发生了差错，必须进行错账查找。在实际工作中，这种试算平衡通常是通过编制试算平衡表来进行的（见表 4－4）。

表 4－4　　试算平衡表

科目名称	期初余额		本期发生额		期末余额	
	借方	贷方	借方	贷方	借方	贷方
库存现金						
固定资产						
原材料						
库存商品						
生产成本						
银行存款						
…						
合计						

第二节 账项调整

权责发生制是一种较为合理的记账方法，但由于实际操作上的困难，企业平时不可能对每项业务都按权责发生制来记录（因为这些经济业务是持续发生的）。因此，部分交易就按现金收支活动发生的时日记录。

例如，利息收入和利息费用理论上是随着时间的推移而持续发生的，但实际上，企业不可能每天都将当天的利息收入及利息费用记录下来，企业为了减少工作量，往往在收到利息或支付利息的时候，才予以记录；又如，企业购置固定资产，固定资产的价值随着时间的推移而减少，资产应逐渐地转移为费用，然而，企业不可能每天时刻记录此项费用。

因此，一般在会计期末，企业应根据实际情况，计算并记录应转为费用和应作为收入的那一部分账项。也就是说，企业必须对账簿中已记的账项进行调整。调整就是按照予以归属这一标准，合理地反映会计期间应得的收入和应负担的费用，使各期的收入和费用能在相关的基础上进行配比，从而比较正确地计算出各期的盈亏。

通常需要调整的事项包括：（1）预收收入的分配；（2）应计收入的记录；（3）预付费用的摊销；（4）应计费用的记录；（5）期末的其他账项调整。下面以“预收收入”、“应计收入”、“期末的其他账项调整”为例来说明。

（一）预收收入

预收收入是指货款本期已经收到并已入账，但商品或劳务尚未提供，企业尚未实现的收入。按照权责发生制，收入的实现不以收到货款为标准，在采用预收货款结算方式下，应在商品发出或劳务提供时，确认营业收入实现。预收收入不能作为企业实现的收入，在以后的会计期间中，企业交付商品或提供劳务的方式履行其义务后，方可将其转为已实现的收入。因此，在每期的会计期末，都要对预收收入进行调整，将已实现的部分转为本期的收入，未实现的部分递延到以后会计期间。发生预收收入时，为了不与本期获得的收入相混淆，应当设置“预收账款”账户予以反映。

现以租金收入为例来说明。

【例4-1】 A公司在本年度1月1日租出一间房屋，租期为1年，收到1年的租金7 200元。

从这笔业务中我们可以看出，7 200元租金为全年的收入，但对于1月份来讲，其租金收入只有其中的1/12，即只有600元；其余11/12，即6 600元，是属于企业租金已收，但劳务尚未提供的款项，即预收收入。这6 600元的预收收入将在以后的11个月内陆续转为收入。对于7 200元的预收租金，有以下会计处理方法：

（1）收到租金时，将收到的全部款项记入“预收账款”账户。应编制会计分录如下：

借：银行存款　　7 200

　贷：预收账款　　7 200

（2）到1月末，A公司已经提供了1个月的劳务，应将这1个月的收入（即600元）转作本期的收入，剩余的6 600元预收款项将在以后11个月内转作收入。1月末的调整分录如下：

借：预收账款　　600

　贷：其他业务收入——租金收入　　600

也可以在1月末将上面两笔分录作合并会计分录如下：

借：银行存款　　7 200

　贷：其他业务收入——租金收入　　600

　　预收账款　　6 600

（3）在以后11个月的月末都需要作调整分录，分录均为：

借：预收账款　　600

　贷：其他业务收入——租金收入　　600

（二）应计收入

应计收入是指企业本期内尚未收取的收入。它主要是指企业向外界提供劳务或销售商品而尚未收到款项的收入。

虽然应计收入的款项在本期内尚未收取，但劳务或商品已提供，因此，在权责发生制下，应构成本期获得的收入。在期末，企业应将尚未确认的这部分收入调整入账，作为本期的收入。同时，对于这部分收入，企业具有索取权，即形成企业“应收账款”，在实际工作中，记入“应收账款”账户或“其他应收款”账户的借方。下面说明应计收入账项调整的会计处理。

企业的存款每月都有利息收入，但银行结算利息的手续是在每季度末进行的。为了正确反映企业各会计期间的收入，企业应将每月存款已获得的利息予以调整入账（当然，在实务中如果企业的利息收入很少，也可以不调整）。在实际工作中，将利息收入记入“财务费用”账户的贷方。收入增加的同时，资产也相应增加，将增加的应收利息记入“应收利息”账户的借方。

【例4-2】 A公司1月份估计（注意是估计）本月份的银行存款利息收入为100元。这笔账项调整的会计分录如下：

借：应收利息　　100

　贷：财务费用——利息收入　　100

季度末，同1月份一样，先作3月份利息收入的调整分录，然后根据银行结算出的存款利息，借记“银行存款”账户，贷记“应收利息”账户。如果利息收入的应计数与实际数不符（因为银行利息不是固定不变的，所以前面1—2月份的估计可能不准确），差额可以在季度末的应计数中进行调整。

（三）期末的其他账项调整

除上述预收收入、应计收入外，还有一些账项也需要进行期末调整，如应收账款坏账准备的计提。坏账是不能收回的应收账款。企业在销售时，无论是现销还是赊销，都已确认为当期收入，当赊欠的账款无法收回时，也就意味着收入无法收回，即收益减少，因此，坏账是企业的一项费用。根据经验，总有部分应收账款将来无法收回，遵循配比原则，企业在确认本期收入的同时，期末还应估计这部分尚未发生但可能发生的坏账费用，进行账项调整。除坏账外，还有固定资产折旧、存货盘盈盘亏等，均需要进行账项调整。下面仅以固定资产折旧为例加以说明。

固定资产是指使用期限较长、单位价值较高，并且在使用过程中保持原有实物形态的资产。固定资产能连续在若干生产周期内发挥作用而不改变其原有的实物形态，其价值将随着使用磨损而逐渐地减少，减少的价值转移到产品成本中，构成产品价值的组成部分。这部分减少的价值就称为固定资产折旧，固定资产折旧作为生产费用的组成部分，称为折旧费。

企业计提固定资产折旧时，根据配比原则，应记入有关成本或费用账户。若是属于制造产品的机器、设备的折旧，应记入“制造费用”账户；若是属于企业行政管理部门的房屋、设备的折旧，应记入“管理费用”账户。从价值形态来说，折旧是固定资产价值的损耗。计提折旧时，一方面增加制造费用或管理费用，另一方面减少固定资产的价值。

【例4-3】 A公司根据计算，1月份应计提固定资产折旧2 200元，其中生产部门为1 800元，企业管理部门为400元。月末应编制会计分录如下：

借：制造费用　　1 800

　　管理费用　　400

　贷：累计折旧　　2 200

上面所有的调整分录还应记入有关总分类账，然后根据期初余额加上本期增加发生额减去本期减少发生额，计算确定有关总分类账的期末余额。账簿记录经过调整后，就可以进行对账与结账了，从而正确计算本期的经营成果及财务状况。

第三节 对账、结账

一、对账

（一）为什么要对账

由于种种原因，比如财产物资本身的自然属性和自然条件而引起的损耗或损溢，或由于人为因素造成记账、算账错误等，都会引起账簿或财产物资的差错。为了保证会计记录的正确性，便于财产清查工作的正常进行，企业还要做好对账工作。

对账就是在会计期末，在对期末账项调整之后、结账之前，将账簿记录的有关数字与会计凭证、各种财产物资以及各账户之间的有关数字进行相互核对的工作。

对账包括日常核对和定期核对。日常核对是指对日常编制的会计分录所做的核对，如发现有差错，在记账之前或记账时就可进行更正。定期核对一般在月末、季末、年末于结账之前进行，以查验记账工作是否正确和账实是否相符。

（二）对账的内容

对账的主要内容包括以下三个方面：

1. 账证核对

账证核对是指将账簿记录与有关会计凭证相互核对。一般来讲，总分类账的记录应与有关记账凭证核对相符；明细分类账的记录除了要与有关记账凭证核对相符外，有的还要与有关原始凭证的记录核对相符。

2. 账账核对

账账核对是指将各账簿之间的有关数字相互核对。具体包括下列内容：

（1）各总分类账户的本期借方发生额合计数与贷方发生额合计数应核对相符，期末借方余额合计数与贷方余额合计数应核对相符。

（2）总分类账中现金和银行存款账户的本期借方发生额、贷方发生额和期末余额，应与现金日记账和银行存款日记账的本期借方发生额、贷方发生额和期末余额核对相符。

（3）总分类账账户的本期借方发生额、贷方发生额和期末余额，应与所属明细分类账户的本期借方发生额合计数、贷方发生额合计数和期末余额合计数核对相符。

（4）会计部门的各种财产物资明细分类账户的期末余额，应与各种财产物资保管部门的有关保管明细账（卡）的储存数核对相符。

3. 账实核对

账实核对是指将账簿记录与各种财产物资、货币资金、债权债务等的实有数相互核对。具体包括下列内容：

（1）现金日记账的余额应与库存现金数核对相符。

（2）银行存款日记账的余额应与银行对账单核对相符。

（3）各种财产物资明细账的结存数量应与实存数量核对相符。

（4）各种债权债务等往来款项明细账的余额与有关单位或个人核对相符。

（三）对账的方法

对账的内容不同，其方法也有区别。一般的核对方法如下：

1. 账证核对的方法

账证核对通常采用将账簿记录与据以记账的会计凭证逐笔核对的方法。

由于采用这种核对方法工作量很大，所以，一般只在发生记账差错或查找差错原因等时采用。

2. 账账核对的方法

账账核对根据不同情况采用以下方法：

（1）总分类账户之间的核对。检查各总分类账户的登记是否正确，应通过编制总分类账户试算表进行。

（2）总分类账户和明细分类账户之间的核对。检查总分类账户和明细分类账户的登记是否正确。将总分类账户的相应数字与所属明细分类账户的本期发生额或余额相加之和直接进行核对，总分类账和日记账之间的核对也可以采用这种方法。

3. 账实核对的方法

账实核对又称财产清查，对不同的财产物资应采用不同的方法。

二、财产清查

（一）为什么要进行财产清查

财产清查是指通过对各项财产物资和库存现金的实地盘点，以及对银行存款和债权债务的询证，来查明各项财产物资、货币资金和债权债务的实存数和账面数是否相符的一种会计核算方法。实存数和账面数不相符的原因主要有以下两方面：

（1）由自然环境原因所引起；

（2）由主观原因所引起。

（二）财产清查的范围

财产清查的范围主要是企业拥有的财产物资、货币资金和债权债务。具体包括以下内容：

（1）财产物资。包括原材料、在产品、半成品、产成品、库存商品、固定资产等。

（2）货币资金和有价证券。包括库存现金、银行存款、其他货币资金以及企业拥有的股票、债券等有价证券。

（3）债权债务等往来款项。包括应收账款、应付账款、其他应收款、其他应付款、银行借款等。

（三）财产清查结果的处理

在清查中发现的盘盈、盘亏或毁损，必须认真查明原因，明确责任，并按有关政策、制度的规定提出处理意见，报请审批后，方能处理。

为了完整地反映和监督企业财产清查中各种财产物资的盘盈、盘亏和毁损的发生及处理情况，会计上一般要设置“待处理财产损溢”账户进行核算，该账户结构如图4－3：

借　　　　待处理财产损溢	贷
登记各种财产物资的盘亏、毁损数，以及按照规定程序批准的盘盈转销数	登记各种财产物资的盘盈数，以及按照规定程序批准的盘亏、毁损转销数

图4－3　待处理财产损溢的账户结构

企业的财产损溢，应查明原因，在期末结账前处理完毕，处理后该账户应无余额。

由于财产清查结果的处理要报请审批，所以，在账务处理上通常分两步进行：

第一步，将财产清查中发现的盘盈、盘亏或毁损数，通过“待处理财产损溢”账户，登记有关账簿，以调整有关账面记录，使账面数与实存数相一致。

第二步，在审批之后，应根据批准的处理意见，再从“待处理财产损溢”账户转入有关账户。①对于财产清查中各种材料、在产品和产成品的盘盈，属于自然损溢的部分，应增加或冲减费用；②属于多收或少付的部分，应由企业分别退还或补付；③属于人为过失部分，由过失人负责赔偿，应增加其他应收款；④属于一般经营损失部分，应增加费用；⑤属于不可抗拒的自然灾害的损失，应增加营业外支出；⑥对于财产清查中的固定资产盘点盘亏，在按规定报请审批后，其盘盈净值增加营业外收入，盘亏净值增加营业外支出。

三、错账查找与更正

通过上面的对账、财产清查和试算平衡，可能会发现会计核算中存在差错，因此应该查找错账的原因，并进行更正。

（一）记账差错的种类

日常记账工作中会出现各种各样的差错，有书写上的文字或数字的笔误、确认计量上的错误、计算上的错误等。常见的账簿记录上的会计差错主要有以下几种情况：

（1）重记分录。一笔会计分录或一笔会计分录的一方在分类账上重复登记。

（2）漏记分录。一笔会计分录或一笔会计分录的一方在分类账上没有登记。

（3）方向记错。将应记入借方的金额误记入贷方，或将应记入贷方的金额误记入借方。

（4）科目串户。将应记入某一个会计科目的金额误记入其他科目。

（5）数字记错或计算错误。

（二）查找错误的方法

查找错误的方法，一般分为全面检查和重点检查两种。

1. 全面检查

全面检查是对一定时期的全部账目进行检查。具体又有顺查法和逆查法两种方法。常用的方法是逆查法。

逆差法是按照与原账务处理工作程序相反的顺序，即沿着“试算→结账→过账→分录”的次序依次进行查对的一种检查记账错误的方法。具体查找时，应先检查试算平衡表本身，复核试算表内各栏金额合计数是否平衡，核对试算平衡表内各账户的各栏金额是否抄列正确；然后，应检查各账户的发生额及余额的计算是否正确；接下来，应检查过账工作是否正确，将账簿记录与会计凭证进行核对；最后，再检查记账凭证的填制是否正确。

2. 重点检查

全面检查是对试算表所包含期间的所有记录进行详细查对，查对的工作量较大。如果能够结合差错的特点，有针对性地进行重点检查，就可以提高工作效率，减轻错账查找的工作量。在实际工作中，根据差错的特点及其规律，总结出一些检查差错的方法，具体包括：

(1) 差数法

该方法用于检查过程时一笔分录的一方重记、漏记或错记造成的差错。在按照记账凭证记账时，如果一笔分录的一方重记、漏记或错记，就会造成本期借、贷发生额合计数不符。当试算不平衡时，将本期借、贷发生额合计数相抵，计算出借、贷合计数的差额，以此差额为线索，重点检查那些发生额与该差额数的相同分录是否存在一方重记、漏记或错记的情况。

(2) 除2法

该方法用于检查记账方向记错的错误。如果误把应记入账户借方的金额记入贷方，或误把应记入账户贷方的金额记入借方，就会使借贷双方合计数的差数是错记金额的两倍。因此，当试算不平衡时，将试算平衡表借贷双方合计数的差数除以2得到一商数，以此商数为线索，重点检查那些发生额与该商数相同的分录，看看是否记账记反了。

(3) 除9法

该方法用于检查数字错位和数字颠倒的差错。当试算不平衡时，将借贷双方合计数的差数除以9，若能被9整除，则可能是记账过程中出现了数字移位（错位）或数字颠倒的差错。数字移位差错，往往发生在过账时，在应记的数字后多加或少加了“0”使正确的数字扩大了9倍或缩小了0.9倍。在查找差错时，以借贷双方合计数的差数除以9后得到的商数为线索，重点检查那些发生额与该商数相同的分录是否存在记录上错位的情况。

数字颠倒差错，如将59写为95，将28写为82等。查找的方法是：将差错除以9。所得到的商数连续加11，直到出现颠倒的数字为止。例如，将59写为95，两数之差为36，除以9得4，连加11为15、26、37、48、59、70，其中就有被错写的59。在错误查找时，以此为线索，重点检查与连加11后的数字相同金额的业务是否存在记录上数字颠倒的情况。

总之，当发现账簿记录有差错时，一般可以根据差错的具体特征，先进行重点抽查。若经用上述方法抽查仍无法发现差错所在，则应采用逆差法和顺差法进行全面检查，以便于迅速，准确地找出差错，及时更正错账。

(三) 错账的更正方法

如果发现账簿记录有错误，则应按规定的方法进行更正。由于记账错误各不相同，其更正的方法也不尽相同。常见的错误更正方法有划线更正法、红字更正法和补充登记法三种（仅介绍前面两种）。

1. 划线更正法

该方法主要适用于记账当时或结账前发现账簿记录有误，而记账凭证正确（这是与红字更正法的区别），且纯属过账时文字、数字的笔误或方向错误及账簿数字计算错误等情况。划线更正法是指用划线注销原有错误记录，然后在划线上面写上正确记录的一种方法。

更正的方法是：先将错误的文字或数字划一条红线予以注销，然后在所划红线的上方空白处写上正确的文字或数字，并加盖更正人员的印章，以示负责。应注意的是，首先，在划线时，要保持账簿记录的整洁，保证被划掉的原来字迹仍清晰可辨，以备查考。其次，对于数字差错的更正，应将错误的数额整笔全部划掉，不能仅仅划去其中的几个错误数字。更正方法见下例。

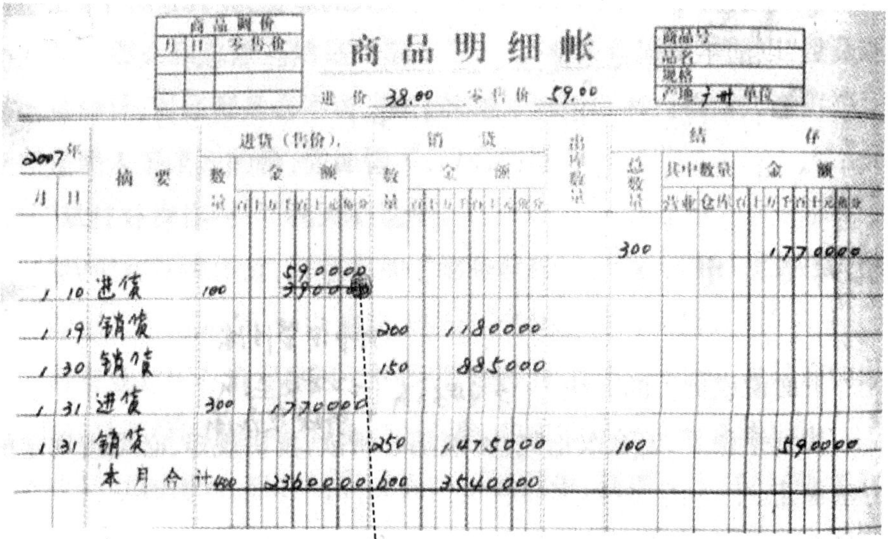
商品明细帐

进价 38.00 零售价 59.00

2007年 月	日	摘要	进货（售价）数量	进货（售价）金额	销货数量	销货金额	出库数量	结存总数量	其中数量	结存金额
								300		1770000
1	10	进货	100	~~3900000~~ 590000						
1	19	销货			200	1180000				
1	30	销货			150	885000				
1	31	进货	300	1770000						
1	31	销货			250	1475000		100		590000
		本月合计	400	2360000	600	3540000				

（加盖更正人员印章）

2. 红字更正法

该方法主要适用于原编制的记账凭证有错误，且已根据错误的记账凭证登记入账的情况下。红字更正法又称红字冲销法，即先用红字填制一张与原错误完全相同的记账凭证，据以用红字登记入账，冲销原有的错误记录；同时再用蓝字填制一张正确的记账凭证，注明“订正×年×月×号凭证”，据以登记入账，这样就把原来的差错更正过来。

四、结账

（一）什么是结账

企业的经济活动是持续不断的，为了总结某一会计期间经济活动的情况，考核企业的经营成果，编制会计报表，必须在会计期间终了时，进行结账。

结账就是在把一定会计期间内所发生的经济业务全部登记入账的基础上，对账簿记录所做的结束工作。通过结账，可以分清上、下期的会计记录，结出本期损益，便于编制会计报表。结账的内容通常包括：

（1）结算各种收入、费用类账户，并据以计算确定本期损益，将经营成果在账面上揭示出来。

（2）结算各种资产、负债和所有者权益类账户，分别结出它们的本期发生额和期末余额，并将期末余额转为下期的期初余额。

在结账前应先检查本期内所发生的经济业务是否均已填制或取得了会计凭证，并据以登记入账。不能为赶编会计报表而提前结账，把本期发生的经济业务延至下期。在完成账项调整、对账工作之后，可以进行结账工作。

（二）收入、费用类账户的结账

为了确定本期的利润（或亏损），期末要结出各种收入、费用类账户的本期发生额和余额，然后将这类账户的余额结转至“本年利润”账户，在“本年利润”账户中计算出本期利润（或亏损）。经过上述结转后，各种收入、费用类账户即予以结平，没有余额。

（三）资产、负债和所有者权益类账户的结账

资产、负债和所有者权益类账户的结账工作，主要是结出各账户的本期发生额和期末余额。按其结账的时间，可分为月度结账、季度结账和年度结账。

（四）结账方法

（1）月结时，应在该月最后一笔经济业务下面划一条通栏单红线，在红

线下“摘要”栏内注明“本月合计”或“本月发生额及余额”字样，在“借方”栏、“贷方”栏或“余额”栏分别填入本月合计数和月末余额，同时在“借或贷”栏内注明借贷方向。然后，在这一行下面再划一条通栏红线，以便与下月发生额划清。

（2）季结在每季度的最后一个月月结后进行，方法与月结相同。

（3）年结在第四季度的季结后进行。方法与月结大致相同，区别在于第二条通栏单红线改成通栏双红线，以示封账。

（4）年度结账后，总账和日记账应当更换新账，明细账一般也应更换。但有些明细账，如固定资产明细账等可以连续使用，不必每年更换。

年终时，要把各账户的余额结转到下一会计年度，只在摘要栏注明“结转下年”字样，结转金额不再抄写。在下一会计年度新建会计账簿的第一行摘要栏注明“上年结转”字样，并在余额栏内填写上年结转的余额。

五、利润确定

利润总额是企业的一个重要指标，又称经营成果，它是企业取得的全部收入抵扣全部支出后的总成果。如果取得的全部收入不能抵扣全部支出，那就是发生了亏损。企业的利润总额一般由营业利润和营业外收支组成。（有关利润的计算本书第三章第五节有叙述，读者可以回过去看看。）

1. 计算营业利润

营业利润是指由于企业经营业务而产生的利润，它构成利润总额的主要组成部分，包括主营业务利润、其他业务利润和投资收益等项目。其计算公式如下：

营业利润＝营业收入－营业成本－营业税金及附加－销售费用－管理费用－财务费用＋投资收益（－投资损失）

2. 计算利润总额

将上述利润总额的构成内容，用计算公式可表示如下：

利润总额＝营业利润＋营业外收入－营业外支出

第四节 编制会计报表

第一章我们介绍过，会计报表包括资产负债表、利润表和现金流量表。本节只介绍资产负债表、利润表的编制。

经过账项调整和结账后，我们可以根据账户资料编制会计报表。

（一）利润表

利润表

编制单位：　　　　　　　　　　____年度　　　　　　　　　　单位：元

项　　目	行次	本年金额	上年金额
一、营业收入			
减：营业成本			
营业税金及附加			
销售费用			
管理费用			
财务费用			
资产减值损失			
加：公允价值变动收益（损失以“－”号填列）			
投资收益（损失以“－”号填列）			
其中：对联营企业和合营企业的投资收益			
二、营业利润（亏损以“－”号填列）			
加：营业外收入			
减：营业外支出			
其中：非流动资产处置损失			
三、利润总额（亏损总额以“－”号填列）			
减：所得税费用			
四、净利润（净亏损以“－”号填列）			
五、每股收益：			
（一）基本每股收益			
（二）稀释每股收益			

表中各项目的“本年金额”，根据总分类账中损益类账户的本期发生额填列，“上年金额”根据上年的利润表填列。

（二）资产负债表

资产负债表

编制单位：　　　　　　　　　　年　　月　　日　　　　　　　　　　单位：元

资　　产	行次	期末余额	年初余额	负债和所有者权益（或股东权益）	行次	期末余额	年初余额
流动资产：				流动负债：			
货币资金				短期借款			
交易性金融资产				交易性金融负债			
应收票据				应付票据			
应收账款				应会账款			
预付款项				预收款项			
应收利息				应付职工薪酬			
应收股利				应交税费			
其他应收款				应付利息			
存货				应付股利			
其中：消耗性生物资产				其他应付款			
一年内到期的非流动资产				一年内到期的非流动负债			
其他流动资产				其他流动负债			
流动资产合计				流动负债合计			
非流动资产：				非流动负债：			
可供出售金融资产				长期借款			
持有至到期投资				应付债券			
长期应收款				长期应付款			
长期股权投资				专项应付款			
投资性房地产				预计负债			
固定资产				递延所得税负债			
在建工程				其他非流动负债			
工程物资				非流动负债合计			
固定资产清理				负债合计			
生产性生物资产				所有者权益（或股东权益）：			
油气资产				实收资本（或股本）			
无形资产				资本公积			
开发支出				减：库存股			
商誉				盈余公积			
长期待摊费用				未分配利润			
递延所得税资产				所有者权益（或股东权益）合计			
其他非流动资产							
非流动资产合计							
资产总计				负债和所有者权益（或股东权益）合计			

编制方法：

（1）直接填列：表中大部分项目根据试算平衡表（或者总分类账）直接填列，如应收账款等；

（2）合并填列：如货币资金，根据现金、银行存款等账户余额合并填列；存货，根据原材料、库存商品等合计填列；

（3）分析计算填列：如未分配利润，它是根据本年利润和本年度之前利润之和减去分配利润后的结果填列。

第五章

会计怎么干

——六大会计要素的核算

前面第三章已经按照经济业务的发生，分资金筹集、采购、生产、销售、利润分配等环节对会计核算的问题作了介绍。

在实际会计工作中，存在以下问题：①上面六个环节不是简单地依次交替进行的，它们是同时并存的。②很多会计要素和科目与上述多个环节都有密切的联系，可能同时出现不同的环节当中，比如库存现金和银行存款。同时，在实际工作中，会计六大要素（资产、负债、所有者权益、收入、费用和利润）的核算方法（确认和计量方法）也不太一样。因此，有必要就六大会计要素的核算分别进行说明。

在实际会计工作中，基本的会计核算程序为：

（1）先对照六大要素的定义对经济业务进行判断，根据复式记账的原理，分析其涉及哪几类要素；

（2）然后再确定其涉及六大要素内的哪些会计科目；

（3）分析其是否符合确认的条件；

（4）按照规定的方法进行计量。

第一节　资产的会计核算

1. 资产的定义

资产是指企业过去的交易或者事项形成的，由企业拥有或者控制，预期会给企业带来经济利益的资源。资产包括货币资金、应收款项、存货、固定资产、金融工具与金融资产、无形资产及商誉等。

2. 资产的会计核算

资产的会计核算包括以下方面（见图5－1）：

（1）资产的确认条件。

将一项资源确认为资产，需要符合资产定义，并同时满足以下两个条件：

①与该资源有关的经济利益很可能流入企业；

②该资源的成本或者价值能够可靠地计量。

某一项目一旦确定为资产后，还应该根据具体情况，按照“货币资金、应收款项、存货、固定资产、金融工具与金融资产、无形资产及商誉”等定

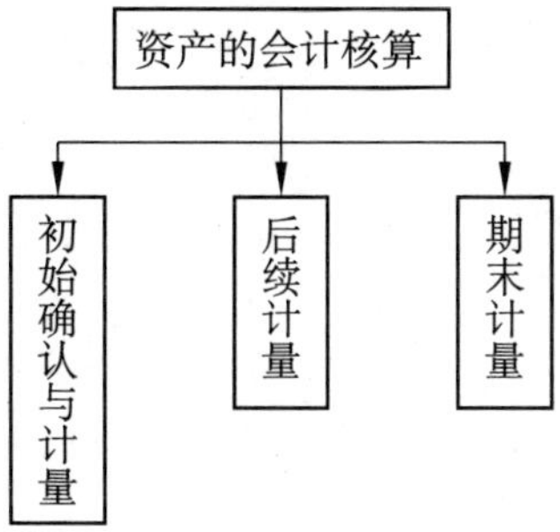

图 5－1　资产的会计核算内容

义，确定其具体为哪一项资产。

具体进行各种资产的初始确认时，一般应结合其取得方式来进行。几种主要资产的常见取得方式见表 5－1。

表 5－1　几种主要资产的常见取得方式

取得方式	存货	固定资产	长期股权投资	无形资产
购入	√	√	√	√
自制	√	√		√
投资者投入	√	√	√	√
非货币性资产交换	√	√	√	√
债务重组	√	√	√	√
盘盈	√	√		
接受捐赠	√	√		√
租入		√		
委托加工	√			
合并			√	
发行权益性证券			√	

（其他几类资产的取得方式相对比较简单，因此在上表中没有列出来。）

（2）后续计量主要对资产持有期间的账面价值变动情况进行计算、记录，比如存货的发出引起的存货账面价值的减少。

（3）期末计量主要是对资产的内在价值变动进行计算和记录，主要为对资产减值情况进行确认。

本节只讲述现金、银行存款、应收款项、存货、固定资产的会计核算。

一、现金

（一）现金的定义

现金是通用的交换媒介，是计量的一般尺度。在我国会计上所界定的"现金"概念是存放在会计部门、内部专职人员保管的库存现金，包括库存的人民币和各种外币。

（二）现金的管理规定与使用范围

一般来说，企业的支付结算必须通过银行进行，但在以下情况下企业可以使用现金进行支付。现金的使用范围为：

（1）职工工资、各种工资性津贴。

（2）个人的劳务报酬。包括如设计费、装潢费、安装费、制图费、化验费、测试费、法律服务费、技术服务费、代办服务费及其他劳务费用等。

（3）支付给个人的各种奖金。包括根据国家规定颁发给个人的各种科学技术、文化艺术、体育等各种奖金。

（4）各种劳保、福利费用以及国家规定的对个人的其他现金支出。如退休金、抚恤金、学生助学金、职工生活困难补助费等。

（5）收购单位向个人收购农副产品和其他物资的价款。如金银、工艺品、废旧物资等的价款。

（6）单位预借给出差人员必须随身携带的差旅费。

（7）结算起点以下的零星支出。按规定结算起点为1 000元，超过结算起点的，应实行银行转账结算。

（8）中国人民银行确定需要支付现金的其他支出。例如，因采购地点不确定、交通不便、抢险救灾以及其他特殊情况，办理转账结算不够方便，必须使用现金的支出。对于这类支出，开户单位应向银行提出书面申请，由本单位财会部门负责人签字盖章，开户银行审查批准后，予以支付现金。

凡不属于国家现金结算范围的支出，一律不准使用现金结算，而必须通过银行办理转账结算。

库存现金的限额由开户银行确定，一般包含企业3～5天的日常零星开支。

一般来讲，企业在经营过程中都会有一些现金收入。企业应该在取得现金收入的当日把现金收入送存开户银行。企业不能直接使用现金收入进行现金支付，这种行为是被严格禁止的**坐支现象**。企业的现金支付必须从库存现金限额中支付，或者从开户银行提取。

（三）现金的内部会计控制

对现金的内部控制应实行职能分开原则。现金实物管理与账务记录分开，不能由一个人兼任。经管现金的出纳不得监管收入、费用、债权、债务等账簿的登记工作以及会计稽核和会计档案保管工作；填写银行结算凭证的有关印签，不能集中由出纳人员保管，应由不同人员分管。

现金收付的交易必须有合法的原始凭证。收到现金时，要有现金收入的原始凭证，以保证现金收入来源合法。支付现金时，要按规定的授权程序进行，除小额零星支出外，其他尽可能减少用现钞，同时要有确凿的原始凭证，以保证支付的有效性。

（1）建立收据和发票的领用制度。领用的收据和发票必须登记数量和起讫编号，由领用人员签字；收回收据和发票存根，应由保管人员办理签收手续。对空白收据和发票应定期检查，以防短缺。

（2）加强监督与检查。除出纳人员应做到日清月结之外，企业的审计部门以及会计部门的领导对现金的管理工作要进行经常性与突击性的监督与检查。对发现的现金溢余与短缺，必须认真及时地查明原因，并按规定的要求进行处理。

（3）企业的出纳人员应定期进行轮换，不得一人长期从事出纳工作。一个人长期从事一项工作会形成惰性，不利于提高工作效率，同时可能会隐藏工作中的一些问题和不足。通过人员的及时轮换，不仅可以避免上述情况的出现，而且对工作人员本身也是一种保护。

（四）现金的会计核算

现金的会计核算包括现金收支业务的核算、现金短缺或溢余的核算、备用金的核算。

1. 现金收支业务的核算

【例5－1】　本企业2009年8月5日收到零星销售收入1 170元（其中增值税170元），收到张业归还借款500元，记账凭证编制如下：

借：库存现金　　1 170

　贷：主营业务收入　　1 000

　　应交税费——应交增值税（销项税额）　　170

借：库存现金　　500

　贷：其他应收款——张业　　500

【例 5-2】 本企业 2009 年 8 月 6 日支付职工差旅费借款 1 000 元，购买办公用品 300 元，记账凭证编制如下：

借：其他应收款　　1 000

　管理费用　　300

　贷：库存现金　　1 300

2. 现金短缺或溢余的核算

前面第四章讲过，企业必须定期进行现金财产清查，如果发现账实不符应该进行处理。

【例 5-3】 本企业 2009 年 8 月 31 日对现金进行清查时，发现短缺 56 元，记账凭证编制如下：

借：待处理财产损益——待处理流动资产损益　　56

　贷：库存现金　　56

如果无法查明原因，转入管理费用

借：管理费用　　56

　贷：待处理财产损益——待处理流动资产损溢　　56

【例 5-4】 本企业 2009 年 8 月 31 日对现金进行清查时，发现溢余 78 元，记账凭证编制如下：

借：库存现金　　78

　贷：待处理财产损益——待处理流动资产损溢　　78

如果无法查明原因，经批准转入营业外收入

借：待处理财产损益——待处理流动资产损溢　　78

　贷：营业外收入　　78

3. 备用金的核算

在实际工作中，如果相关部门的业务比较多，每发生一次业务就去财务部门报销一次，那样会很烦琐，会浪费相关部门很多时间，同时也将加大财务人员的工作量。采用备用金制度，相关部门就可以“汇总”报销，财务部门可以简化核算过程，这是对资源的一种节约。

备用金是企业、机关、事业单位或其他经济组织等拨付给非独立核算的内部单位或工作人员备作差旅费、零星采购、零星开支等用途的款项。备用金应指定专人负责管理，按照规定用途使用，不得转借给他人或挪作他用。

【例5-5】　本企业行政部司机张净，2009年8月7日申请备用金500元。记账凭证编制如下：

借：其他应收款——备用金—张净　　500

　贷：库存现金　　500

【例5-6】　本企业行政部司机张净，2009年8月20日报销汽油费及停车费450元。这样备用金就剩下50元，备用金管理人员张净应该拿付款凭证向出纳人员报销，并补足备用金。会计人员应该依据付款凭证，编制如下记账凭证：

借：管理费用——交通费　　450

　贷：库存现金　　450

这样张净手中的备用金又是500元。

【例5-7】　本企业行政部司机张净，2009年12月离职，交还备用金，记账凭证编制如下：

借：库存现金　　500

　贷：其他应收款——备用金—张净　　500

二、银行存款

（一）银行存款的定义

银行存款是指企业存放在银行或其他金融机构可动用的货币资金。在我国，银行存款包括人民币存款和外币存款两种。

（二）银行存款的管理规定

（1）根据《支付结算办法》的规定，企业可采用的银行结算方式包括银行汇票、银行本票、商业汇票、支票、信用卡、汇兑、委托收款和托收承付。

银行汇票是汇款人将款项交存当地银行，由银行签发给其持往异地办理结算或支取现金的票据。

银行本票是由银行签发的，承诺自己在见票时无条件支付确定的金额给收款人或持票人的票据。单位、个人经济户和个人在同城范围的商品交易和劳务供应以及其他款项的结算可以使用银行本票。

商业汇票是由出票人签发，委托付款人在指定日期无条件支付确定的金额给收款人或持票人的票据。按其承兑人的不同，分为商业承兑汇票和银行承兑汇票；按其是否计息，分为不带息汇票和带息汇票。

支票是出票人签发的，委托办理支票业务的银行或其他金融机构在见票时无条件支付确定的金额给收款人或者持票人的票据。按照支付票款方式为现金支票、转账支票和普通支票。

表5－2为四者的比较：

表5－2　　银行结算方式的比交

	分类	使用规定	适用范围与条件	结算期限	金额起点	账户设置
支票	现金支票（只能支取现金） 转账支票（只能转账） 普通支票（可支取现金、可转账） 划线支票（只能转账）	禁止签发空头支票；若银行退票，按票面金额处以5%但不低于1 000元罚款，持票人有权要求出票人按票面金额的2%赔偿	单位与个人均可；同城结算	提示付款期自出票日起10日	无	“银行存款”
银行本票	不定额本票；定额本票	可用于转账，也可用于支取现金； 申请人或收款人为单位的，不得申请签发**现金**银行本票	单位与个人均可；同城结算	提示付款期自出票日起最长不得超过2个月	不定额本票无金额起点限制；定额本票有1 000元、5 000元、10 000元和50 000元面额	“其他货币资金——银行本票”
银行汇票		可用于转账，也可用于支取现金； 申请人或收款人为单位的，不得使用现金银行汇票	单位与个人均可；同城异地均可	提示付款期自出票日起1个月	无	“其他货币资金——银行汇票”

续表

	分类	使用规定	适用范围与条件	结算期限	金额起点	账户设置
商业汇票	商业承兑汇票；银行承兑汇票		在银行开立存款账户的法人及其他组织之间，具有真实交易关系或债权债务关系	付款期限最长不得超过6个月；提示付款期自汇票到期日起10天	无	“应收票据”“应付票据”

（2）根据《银行账户管理办法》的规定，一般企业可以根据需要在银行开立四种账户，分别是基本存款账户、一般存款账户、临时存款账户、专用存款账户。

下面主要介绍基本存款账户和一般存款账户（在日常业务中使用较多的两种）。

基本存款账户是企业办理日常结算和现金收付业务的账户，企业职工薪酬等现金的支取只能通过本账户办理。

一般存款账户是企业在基本存款账户以外的银行借款转存以及与基本存款账户的企业不在同一地点的附属非独立核算单位的账户，企业可以通过本账户办理转账结算和现金缴存，但不能支取现金。

（三）银行存款的会计核算

1. 银行存款收支业务核算

【例5-8】 本企业2009年8月10日销售产品一批，价税合计5 850元，银行通知款项已到账，根据银行进账单编制记账凭证如下：

借：银行存款	5 850	
贷：主营业务收入		5 000
应交税费——应交增值税（销项税额）		850

【例5-9】 本企业于2009年8月15日销售产品，取得货款，价税合计585元，现金收讫。编制记账凭证如下：

借：库存现金	585	
贷：主营业务收入		500
应交税费——应交增值税（销项税额）		85

当日将现金585元送存银行，根据现金送款簿编制记账凭证如下：

借：银行存款 585

贷：库存现金 585

【例5-10】 本企业2009年8月31日收到江海公司预付货款，价税合计10 000元，收到支票一张存入银行，根据银行进账单编制记账凭证如下：

借：银行存款 10 000

贷：预收账款 10 000

【例5-11】 本企业以支票于2009年8月20日支付前欠光华明仁货款17 550元，根据转账支票存根编制记账凭证如下：

借：应付账款——光华明仁 17 550

贷：银行存款 17 550

【例5-12】 本企业以支票方式于2009年8月25日向东华公司支付采购材料款70 200元，材料已收到，根据转账支票存根和材料入库单编制记账凭证如下：

借：原材料 60 000

应交税费——应交增值税（进项税额） 10 200

贷：银行存款 70 200

【例5-13】 本企业以支票方式于2009年8月31向大东公司支付购入设备款30 000元（含税），设备已经收到，根据转账支票存根和入库单编制记账凭证如下：

借：固定资产 25 641.03

就交税费——应交增值税（进项税额） 4 358.97

贷：银行存款 30 000

2. 银行存款收支调节表

前面第四章讲过，企业必须定期进行财产清查，如果发现账实不符应该进行相应处理。

一般情况下，银行对账单与企业的银行存款日记账是相符的，但也有不符的情况，其原因包括以下两个方面：一是企业或银行双方存在记账错误，例如数字记错；二是存在未达账项。未达账项是指由于企业间交易时涉及的收付款结算凭证在企业和银行之间进行传递时存在着时间的先后差别，造成一方已收到凭证并已入账，而另一方尚未接到凭证仍未入账的款项。未达账项包括四种情况，见银行存款余额调节表（如表5-3）。

表 5－3　　　　　　　　银行存款余额调节表

项目	金额	项目	金额
银行对账单余额 加： ① 企业已收，银行未收的款项 减： ② 企业已付，银行未付的款项		企业银行存款日记账的余额 加： ③ 银行已收，企业未收的款项 减： ④ 银行已付，企业未付的款项	
调整后余额		调整后余额	

【例 5－14】　2009 年 8 月 31 日银行对账单余额为70 500元，银行存款日记账余额为18 400元，编制银行存款余额调节表如表 5－4 所示：

表 5－4　　　　　　　　银行存款余额调节表

项目	金额	项目	金额
银行对账单余额	70 500	企业银行存款日记账的余额	18 400
加：		加：	
8 月 31 日　收到江海公司预付货款支票，但银行尚未入账	10 000	8 月 30 日　委托银行已收款，但企业尚未入账	40 200
减：		减：	
8 月 31 日　向大东公司购买设备，但对方尚未将本企业开出的支票存入银行	30 000	8 月 31 日　电信委托银行已代扣电费，企业尚未入账	8 100
调整后余额	50 500	调整后余额	50 500

三、应收款项

（一）应收账款

1. 应收账款的定义

应收账款是指企业在正常经营活动中，由于销售商品或提供劳务等，而应向购货或接受劳务单位收取但尚未收取的款项。主要包括企业出售商品、材料、提供劳务等应向有关债务人收取的价款及代购货方垫付的运杂费等。

2. 应收账款的初始确认与计量

在确认应收账款的入账价值时，应当考虑有关的折扣因素，包括商业折扣和现金折扣。

（1）商业折扣。商业折扣是指企业为促进销售而在商品价格上给予的折扣。

【例 5－15】 本企业 2009 年 9 月 10 日赊销给大华公司商品，不含税价 6 250元，给予商业折扣 20%，增值税税率为 17%。根据已开具的发票和出库单确认收入，货款尚未收到。编制记账凭证如下：

借：应收账款——大华公司　　5 850

　贷：主营业务收入　　5 000（6 250×80%）

　　　应交税费——应交增值税（销项税额）　　850

收到货款时编制记账凭证如下：

借：银行存款　　5 850

　贷：应收账款——大华公司　　5 850

（2）现金折扣。现金折扣是指债权人为鼓励债务人在规定的期限内付款，而向债务人提供的债务扣除。现金折扣对应收账款价值的确定有总价法和净价法两种方法。我国企业会计制度规定应按总价法确定。下面举例说明总价法的运用。

【例 5－16】 本企业 2009 年 9 月 10 日赊销给大华公司商品，不含税价 6 250元，给予现金折扣 2/10，30/N（信用期限为 30 天，客户如果在 10 天内付款的话，将给予 2% 的折扣，10 天后付款的话没有折扣，30 日内必须付款），增值税税率为 17%。根据已开具的发票和出库单确认收入，货款尚未收到。编制记账凭证如下：

借：应收账款——大华公司　　7 312. 5

　贷：主营业务收入　　6 250

　　　应交税费——应交增值税（销项税额）　　1 062. 5

2009 年 9 月 20 日收到货款（至 2009 年 9 月 10 日起 10 日内收到款项给予 2% 的现金，折扣计入财务费用）

借：银行存款　　7 166. 25

　　财务费用　　146. 25

　贷：应收账款——大华公司　　7 312. 5

2009 年 9 月 30 日收到货款（付款时间超过 10 天没有现金折扣）

借：银行存款　　7 312. 5

　贷：应收账款——大华公司　　7 312. 5

企业应该分客户类别对应收账款分别进行核算。

3. 应收账款的期末计量（坏账损失的核算）

每家企业都会给客户确定一个信用期，客户都应该在信用期（如上例中的“30天”）内支付企业的货款。但是如果客户到期没有支付货款，说明客户在资金周转方面出现了问题或者其他更严重问题，这样就可能形成坏账。每家企业都应该对这样的情况提前做好准备。

（1）坏账损失的核算方式。

坏账损失的核算有两种方式：直接法和备抵法。我国《企业会计制度》规定企业只能采用备抵法核算。备抵法是指估计坏账损失，形成坏账准备，当某一应收款项的全部或部分被确认为坏账时，应根据其金额冲减坏账准备，同时转销相应的应收款项金额的一种核算方法。采用该方法应使用“坏账准备”科目。采用备抵法的核算步骤如下：

① 在资产负债表日，企业根据金融工具确认和计量准则估计发生减值的情况，通过“资产减值损失”科目核算。本期应计提的坏账准备金额大于其账面余额的，应按其差额计提；应计提的坏账准备金额小于其账面余额的差额作相反的会计分录。

② 对于确实无法收回的应收账款，经批准后作为坏账损失，转销应收账款，借记“坏账准备”，贷记“应收账款”。

③ 已确认并已转销的应收账款以后又收回的，应按实际收回金额，借记“应收账款”，贷记“坏账准备”；同时借记“银行存款”，贷记“应收账款”。

（2）坏账损失的估计方法。

企业采用备抵法时，首先应估计坏账损失。估计该损失的方法有应收账款余额百分比法、账龄百分比法、账龄分析法、销售百分比法和个别认定法等。

① 应收账款百分比法。

【例5－17】 本企业在2009年年末对应收大华公司的账款进行减值测试。应收账款余额10 000元，根据大华的资信情况确定按应收账款余额的10%计提坏账准备，根据坏账准备计提单编制记账凭证如下：

借：资产减值损失　　1 000

　　贷：坏账准备　　1 000

【例5－18】 A企业2009年年末应收账款余额12 000元，按应收账款余额的10%计提坏账准备，应该记提坏账准备1 200元，但计提坏账准备前

“坏账准备”账户余额为700元，根据计算单编制记账凭证如下：

借：资产减值损失　　500

　贷：坏账准备　　500

【例5-19】 B企业2009年末实际发生应收账款损失2 000元，编制记账凭证如下：

借：坏账准备　　2 000

　贷：应收账款　　2 000

【例5-20】 本企业2009年2月收到2008年末已转销的坏账2 000元，已存入银行。根据相关单据编制记账凭证如下：

借：应收账款　　2 000

　贷：坏账准备　　2 000

借：银行存款　　2 000

　贷：应收账款　　2 000

② 账龄分析法。

【例5-21】 C企业在2009年年末应收账款账龄及估计坏账损失如表5-5所示。

表5-5　应收账款账龄及估计坏账损失表

应收账款账龄	应收账款金额（元）	估计损失率（%）	估计损失金额（元）
未到期	3 000	0.5	15
过期1个月	2 000	1	20
过期2个月	1 500	2	30
过期3个月	1 000	3	30
过期3个月以上	500	5	25
合　计	8 000		120

假设坏账准备科目期初没有余额，根据账龄分析表编制记账凭证如下：

借：资产减值损失　　120

　贷：坏账准备　　120

（二）应收票据

1. 应收票据的定义

应收票据是指企业因销售商品、提供劳务等而持有的还没到期、尚未兑现的商业票据。商业汇票按承兑人不同，分为商业承兑汇票和银行承兑汇票。商业汇票按是否计息可分为不带息和带息商业票据。

2. 应收票据的初始确认和计量

（1）不带息应收票据。不带息应收票据的票据到期值即为票据面值。

【例 5－22】 本企业销售一批产品给天地公司，货款 5 000 元，增值税 850 元，收到天地公司交来已承兑的商业汇票一张，期限三个月。根据增值税发票编制记账凭证如下：

借：应收票据　　5 850

　贷：主营业务收入　　5 000

　　　应交税费——应交增值税（销项税额）　　850

①三个月到期后，天地公司支付货款，存入银行：

借：银行存款　　5 850

　贷：应收票据　　5 850

②三个月后票据到期，天地公司无力偿还票款：

借：应收账款——天地公司　　5 850

　贷：应收票据　　5 850

（2）带息应收票据。带息应收票据的票据到期值为票据面值与票据利息之和。

【例 5－23】 本企业 9 月 1 日销售一批产品给天地公司，货款5 000元，增值税 850 元，收到天地公司交来已承兑的商业汇票一张，期限六个月，票面利率为 10%。根据增值税发票编制记账凭证如下：

借：应收票据　　5 850

　贷：主营业务收入　　5 000

　　　应交税费——应交增值税（销项税额）　　850

①年度终了计提利息 195 元（195 = 5 850 × 4 × 10% /12）：

借：应收票据　　195

　贷：财务费用　　195

②到期收回款项时，利息为 97.5 元（97.5 = 5 850 × 2 × 10% /12）：

借：银行存款　　6 142.5

　贷：应收票据　　6 045

　　　财务费用　　97.5

四、存货

（一）存货的定义

存货是指企业在日常活动中持有以备出售的产品或商品、处在生产过程中的在产品、将在生产过程或提供劳务过程中耗用的材料和物料等。存货具有四项特征：①存货是一种具有物质实体的有形资产。②存货属于流动资产。③存货以在正常生产经营过程中被销售或耗用为目的而取得。④存货属于非货币性资产。它主要包括原材料、在产品、自制半成品、产成品及商品、周转材料等各类具有实物形态的材料物资。存货一旦使用，一般在一个营业周期内消耗完。

（二）存货的初始确认与计量

下面结合存货的取得方式来讲述存货的初始确认和计量。

1. 外购方式取得存货

外购存货成本包括购买价款、相关税费、运输费、装卸费、保险费以及其他可归属于存货采购成本的费用。有关存货的概念在本书第三章中已有讲述。

由于采购地点和结算方式不同，存货初始确认与计量的会计处理方法也有所差异。

（1）存货验收入库和货款结算同时完成。

【例5－24】 本企业2009年8月8日购入生产用原材料20吨，总价款40 000元，另按17%的税率计算增值税6 800元，运杂费500元。根据收到的增值税专用发票及运费发票编制记账凭证如下：

借：原材料	40 500	
应交税费——应交增值税（进项税额）	6 800	
贷：银行存款		47 300

（2）存货已验收入库但货款尚未结算。如果存货已验收入库，但发票尚未到达，月内可暂不记账。月终对于已入库但货款和发票尚未到达的存货由材料管理部门填制收料凭证，暂估入账。下月初红字冲回。下月货款和发票到达后办理正常手续。

本月末暂估入账：

借：原材料　　3 000

　贷：应付账款——暂估应付账款　　3 000

下月初红字冲回：

借：原材料　　-3 000（前面的负号表示红字）

　贷：应付账款——暂估应付账款　　-3 000

（3）货款已结算但存货尚在运输途中。对于货款已结算但材料尚未入库的情况要先通过“在途物资”账户进行核算。

【例5-25】　本企业8月20日收到供货商托收承付单据及发票和运单，货款1 000元，增值税170元，运费100元，开给对方企业1张3个月的商业承兑汇票，但货物尚未收到。根据相关单据编制记账凭证如下：

借：在途物资　　1 100

　　应交税费——应交增值税（进项税额）　　170

　贷：应付票据　　1270

收到货物验收后：

借：原材料　　1 100

　贷：在途物资　　1 100

（4）赊购方式购入存货。在采用赊购方式购入存货情况下，企业将存货验收入库，并收到发票，但尚未支付货款。未支付的货款应通过“应付账款”账户核算。

【例5-26】　本企业8月25日收到供货商的货物已验收入库及发票和运单，货款1 000元，增值税170元，运费100元，尚未支付给对方企业货款。根据相关单据编制记账凭证如下：

借：原材料　　1 100

　　应交税费——应交增值税（进项税额）　　170

　贷：应付账款　　1 270

（5）预付账款方式购入存货。预付账款是指企业预付给供货方款项，要通过“预付账款”账户核算。

【例5-27】　本企业向信印公司采购材料，所需支付的价款总额30 000元，合同规定先预付合同总额30%，验收货物后再补付其余款项。本企业支付支票9 000元。根据支票存根以及有关凭证编制记账凭证如下：

借：预付账款　　9 000

　贷：银行存款　　9 000

收到货物验收入库，补付余款：

借：原材料　　30 000
　应交税费——应交增值税（销项税额）　　5 100
　贷：预付账款　　9 000
　　银行存款　　26 100

2. **自制方式取得存货**

自制存货的取得成本包括材料成本、加工成本、其他成本。

加工成本是指制造过程中发生的直接人工以及按照一定方法分配的制造费用。其他成本是指除采购、加工以外的，使存货达到目前场所和状态所发生的支出。

【例5-28】 本企业生产车间生产A、B两种产品。2009年6月投入甲、乙材料分别为8 000元和5 000元；当月生产A产品直接人工费用2 000元，B产品直接人工费用1 000元；该车间的制造费用3 000元。当月投入生产的A、B两种产品均于当月完工，该企业生产车间的制造费用按生产工人工资比例进行分配。

A产品制造费用=2 000/（2 000+1 000）×3 000=2 000（元）

B产品制造费用=1 000/（2 000+1 000）×3 000=1 000（元）

A产品生产成本=直接材料+直接人工+制造费用=8 000+2 000+2 000=12 000（元）

B产品生产成本=直接材料+直接人工+制造费用=5 000+1 000+1 000=7 000（元）

借：生产成本——A产品　　12 000
　贷：原材料——甲　　8 000
　　应付职工薪酬　　2 000
　　制造费用　　2 000

借：生产成本——乙产品　　7 000
　贷：原材料——乙　　5 000
　　应付职工薪酬　　1 000
　　制造费用　　1 000

借：库存商品——A产品　　12 000
　　　　　——B产品　　7 000
　贷：生产成本——A产品　　12 000
　　　　　——B产品　　7 000

（注意：本例中存货的名称与上例中不同，请读者自己琢磨一下。）

3. 委托加工方式取得存货

委托加工存货的成本，一般包括加工过程中实际耗用的原材料或半成品、运输费、装卸费、计入加工成本的税金。

委托加工的应税消费品，除受托方为个人外，由受托方在向委托方交货时代收代缴税款。委托加工的应税消费品，委托方用于连续生产应税消费品的，所纳税款准予按规定抵扣。

委托加工的应税消费品，按照受托方的同类消费品的销售价格计算纳税；没有同类消费品销售价格的，按照组成计税价格计算纳税。实行从价定率办法计算纳税的组成计税价格计算公式：

组成计税价格 =（材料成本 + 加工费）/（1 - 比例税率）

委托加工的应税消费品，由于受托方在交货时已代扣代缴消费税，委托方收回后直接出售的，不再征收消费税，应将代扣代缴的消费税计入该应税消费品成本；委托方收回货物后用于连续生产应税消费品的，其已纳税款准予按规定从连续生产的应税消费品应纳消费税税额中抵扣。

【例 5 - 29】 本企业委托三元公司加工材料一批（属于应税消费品）。原材料成本为30 000元，支付加工费5 000元，增值税 850 元，假定消费税税率为 20%，消费税为8 750元 [（30 000 + 5000）/（1 - 20%）×20%]，材料加工完成并已验收入库，加工费用等已经支付。双方适用增值税税率17%。编制记账凭证如下：

（1）发出加工用原材料时：

借：委托加工物资	30 000	
贷：原材料		30 000

发出加工的原材料在企业收回时除了支付的加工费外，应就加工收回的原材料使用用途不同对消费税分两种情况处理：如果继续用于连续生产，消费税不应该计入委托加工物资成本，而通过应交税费科目核算。如果收回后用于直接销售，消费税应该计入委托加工物资成本核算。

（2）支付加工费用时：

①本企业收回加工后的材料用于连续生产应税消费品

借：委托加工物资	5 000	
应交税费——应交增值税（进项税额）	850	
应交税费——应交消费税	8 750	
贷：银行存款		14 600

②本企业收回加工后的材料直接用于销售

借：委托加工物资　　13 750
　　应交税费——应交增值税（进项税额）　　850
　贷：银行存款　　14 600

（3）加工完成，收回委托加工材料（结合一、二步骤）：

①用于连续生产应税消费品

借：原材料　　35 000
　贷：委托加工物资　　35 000

②直接用于销售

借：原材料　　43 750
　贷：委托加工物资　　43 750

4. 投资者投入存货

投资者投入存货的成本，应当按照投资合同或协议约定的价值确定，但合同或协议约定价值不公允的除外。

【例5-30】 本企业收到股东张某作为资本投入的原材料，价税合计58 500元。

借：原材料　　50 000
　　应交税费——应交增值税（进项税额）　　8 500
　贷：实收资本　　58 500

5. 接受捐赠取得存货

如果捐赠方提供了有关凭据的，按凭据上标明的金额加上应支付的相关税费作为入账成本。如果捐赠方没有提供有关凭据，按同类或类似存货存在活跃市场价格加上相关税费作为入账成本；如果同类或类似存货不存在活跃市场，按所接受捐赠的存货预计未来现金流量作为入账成本。

【例5-31】 本企业接受捐赠一批商品，发票金额为10 000元。编制记账凭证如下：

借：库存商品　　10 000
　贷：营业外收入——捐赠利得　　10 000

6. 通过债务重组取得存货

企业通过债务重组取得存货，应当按照受让存货的公允价值作为入账成本。增值税一般纳税人涉及增值税的存货，其公允价值是指不含增值税的价格，但其受让存货的价值总额应当包括增值税。

【例5－32】 大明公司欠本企业货款35 000元，由于大明公司财务发生困难，短期不能支付已到期的货款，最后经双方协商，本企业同意大明公司以其生产的产品偿还债务。该产品的公允价值20 000元。双方均为增值税一般纳税人，适用税率17%。本企业收到大明公司抵债的商品验收入库。编制记账凭证如下：

借：库存商品　20 000

　　应交税费——应交增值税（进项税额）　3 400

　　营业外支出——债务重组损失　11 600

　贷：应收账款　35 000

（三）存货的后续计量（存货的发出）

存货入库后，根据生产计划，生产部门需领用原材料用于生产，或者根据销售部门的指令发出产品。同一型号的原材料，因采购时间不同，其价格也有所不同，因此账面价值不同；同一型号的完工产品，因生产批次不同，其生产成本不同，因此账面价值也不同。发出存货时，很难分清每个产品确切的账面价值，因此必须使用一定的方法来估计发出存货的价值。发出存货的计价方法包括：个别计价法、先进先出法、加权平均法、移动平均法。

1. 个别计价法

个别计价法是假设存货的成本流转与实物流转相一致，对于各种存货，逐一辨认分批发出存货和期末存货所属的购进批别或生产批别，分别按其购入或生产时所确定的单位成本作为计算各批发出存货和期末存货成本的方法。即以每次收入存货的实际成本作为计算各该次发出存货成本的依据。

【例5－33】 本企业甲商品8月份收发数量及单价如表5－6所示。

表5－6　甲商品收发数量及价格表

2009年		摘要	收入			发出			结存		
月	日		数量（件）	单价（元/件）	金额（元）	数量（件）	单价（元/件）	金额（元）	数量（件）	单价（元/件）	金额（元）
8	1	期初							600	10	6 000
	5	购入	400	11	4 400				1 000		10 400
	12	发出				800	10.5	8 400	200		2 000
	20	购入	800	12	9 600				1 000		11 600
	29	发出				700	11.43	8 000	300		3 600
	31	合计	1200		14 000	1 500		16 400	300		3 600

经过辨认，8月12日发出的800件甲商品中，有400件属于期初结存的商品，有400件属于8月5日第一批购进的商品；6月29日发出的700件商品，有期初的200件，有500件属于8月20日第二批购进的商品。本企业采用个别计价法计算的甲商品本月发出和期末结存成本如下：

8月12日发出甲商品成本＝400×10＋400×11＝8 400（元）

8月12日发出甲商品单位成本＝8 400/800＝10.5（元/件）

8月29日发出甲商品成本＝200×10＋500×12＝8 000（元）

8月29日发出甲商品单位成本＝8 000/700＝11.43（元）

2. 先进先出法

先进先出法是假设先收到的存货先发出，或先收到的存货先耗用，并根据这种假定的存货流转次序对发出存货和期末存货进行计价的一种方法。具体做法是：接收存货时，逐笔登记每一批存货的数量、单价和金额；发出存货时，按照先进先出的原则计价，逐笔登记存货的发出和结存金额。

【例5－34】 本企业甲商品8月份收发数量及单价如表5－7所示。

表5－7　甲商品收发数量及价格表

2009年		摘要	收入			发出			结存		
月	日		数量（件）	单价（元/件）	金额（元）	数量（件）	单价（元/件）	金额（元）	数量（件）	单价（元/件）	金额（元）
8	1	期初							600	10	6 000
	5	购入	400	11	4 400				1 000		10 400
	12	发出				800	10.25	8 200	200		2 200
	20	购入	800	12	9 600				1 000		11 800
	29	发出				700	11.71	8 200	300		3 600
	31	合计	1 200		14 000	1 500		16 400	300		3 600

本企业采用先进先出法计算的甲商品本月发出和期末结存成本如下：

8月12日发出甲商品成本＝600×10＋200×11＝8 200（元）

8月12日发出甲商品单位成本＝8 200/800＝10.25（元/件）

8月29日发出甲商品成本＝200×11＋500×12＝8 200（元）

8月29日发出甲商品单位成本＝8 200/700＝11.71（元）

3. 加权平均法

加权平均法也称全月一次加权平均法，是一种综合加权平均的方法，是以期初库存存货结存金额与本期购入存货金额之和，除以期初库存存货的结存量加上本期存货购入量之和，计算出以数量为权数的平均单价，作为计算发出存货成本和期末结存存货成本的方法。

$$加权平均单价=\frac{期初结存存货成本+本期购入存货成本}{期初结存存货数量+本期购入存货数量}$$

$$期末存货成本=加权平均单价\times期末结存数量$$

$$本期发出存货成本=期初存货成本+本期购入存货成本-期末存货成本$$

【例5-35】　本企业甲商品8月份收发数量及单价如表5-8所示。

表5-8　　**甲商品收发数量及价格表**

2009年		摘要	收入			发出			结存		
月	日		数量（件）	单价（元/件）	金额（元）	数量（件）	单价（元/件）	金额（元）	数量（件）	单价（元/件）	金额（元）
8	1	期初							600	10	6 000
	5	购入	400	11	4 400				1 000		
	12	发出				800			200		
	20	购入	800	12	9 600				1 000		
	29	发出				700			300		
	31	合计	1 200		14 000	1 500		16 667	300		3 333

本企业采用先进先出法计算的甲商品本月发出和期末结存成本如下：

$$加权平均单位成本=\frac{6\ 000+4\ 400+9\ 600}{600+400+800}=11.11（元/件）$$

8月31日结存甲商品成本$=300\times11.11=3\ 333$（元）

本月发出甲商品成本$=6\ 000+14\ 000-3\ 333=16\ 667$（元）

4. 移动平均法

移动加权平均法是指每次收到存货以后，立即根据库存存货的数量和总成本，计算出新的单价，并对发出存货进行计价的一种方法。具体计算方法如下：

$$移动加权平均单价=\frac{前次结存存货成本+本次购入存货成本}{前次结存数量+本次购入数量}$$

$$期末结存存货成本=期末结存存货数量\times移动加权平均单价$$

$$发出存货成本=本次发出存货数量\times移动加权平均单价$$

【例5-36】　本企业甲商品8月份收发数量及单价如表5-9所示。

表 5－9　　甲商品收发数量及价格表

2009 年		摘要	收入			发出			结存		
月	日		数量（件）	单价（元/件）	金额（元）	数量（件）	单价（元/件）	金额（元）	数量（件）	单价（元/件）	金额（元）
8	1	期初							600	10	6 000
	5	购入	400	11	4 400				1 000	10.4	10 400
	12	发出				800	10.4	8 320	200	10.4	2 080
	20	购入	800	12	9 600				1 000	10.68	11 680
	29	发出				700	11.68	8 176	300	10.68	3 504
	31	合计	1 200		14 000	1 500		16 496	300	10.68	3 504

本企业采用先进先出法计算的甲商品本月发出和期末结存成本如下：

8 月 5 日购入后移动平均单位成本 $=\dfrac{6\,000+4\,400}{600+400}=10.4$（元/件）

8 月 12 日结存甲商品成本 $=200\times10.4=2\,080$（元）

8 月 12 日发出甲商品成本 $=10\,400-2\,080=8\,320$（元）

8 月 20 日购入后移动平均单位成本 $=\dfrac{2\,080+9\,600}{200+800}=11.68$（元/件）

8 月 29 日结存甲商品成本 $=300\times11.68=3\,504$（元）

8 月 29 日发出甲商品成本 $=11\,680-3\,504=8\,176$（元）

上述四种方法计算结果的比较如表 5－10 所示：

表 5－10　　存货计价方法的比较

	个别计价法	先进先出法	加权平均法	移动平均法
本月发出合计	16 400	16 400	16 667	16 496
本月结存合计	3 600	3 600	3 333	3 504
期初与收入合计	20 000	20 000	20 000	20 000

由于存货减值的确认与计量比较复杂，故此处不予介绍。

五、固定资产

（一）固定资产的定义

固定资产是指为生产产品、提供劳务、出租或经营管理而持有的使用寿命超过一个会计年度的有形资产。

在满足固定资产上述定义的同时，满足以下两个条件时才能确认该项固定资产：

（1）与该固定资产有关的经济利益很可能流入企业；

（2）该固定资产成本能够可靠计量。

应注意区分存货与固定资产：存货是企业在日常活动中持有以备出售的产品或商品、处在生产过程中的在产品、在生产过程或提供劳务过程中耗用的材料和物料等；固定资产是为生产商品、提供劳务、出租或经营管理而持有的。

（二）固定资产的初始确认与计量

1. 外购固定资产

企业外购固定资产的成本，包括购买价款、相关税费、使固定资产达到预定使用状态前所发生的可归属于该项资产的运输费、装卸费、安装费和专业人员服务费等。

（1）购入不需要安装的固定资产。

【例5－37】 2009年8月2日，本企业购入一台不需要安装就可使用的设备，取得增值税发票，价款80 000元，税金13 600元，保险费500元，以银行存款支付。根据相关单据编制记账凭证如下：

借：固定资产	80 500	
应交税费——应交增值税（进项税额）	13 600	
贷：银行存款		94 100

（2）购入需要安装的固定资产。

【例5－38】 2009年8月1日，本企业购入一台需要安装的机器设备，取得的增值税专用发票价款20 000元，增值税税额3 400元，支付的装卸费300元，用支票支付；领用原材料一批，其账面成本24 000元，购进时支付的增值税税额为4 080元；支付安装人员薪酬4 800元。根据相关单据编制记账凭证如下：

借：在建工程	20 300	
应交税费——应交增值税（进项税额）	3 400	
贷：银行存款		23 700
借：在建工程	24 000	
贷：原材料		24 000
借：在建工程	4 800	
贷：应付职工薪酬		4 800

当需要安装的设备达到预定使用状态时：

借：固定资产　　49 100

　贷：在建工程　　49 100

2. **自制固定资产**

自行建造的固定资产，按建造该项资产达到预定可使用状态前所发生的必要支出，作为入账价值。包括工程用物资、人工成本、交纳的相关税费、应予以资本化的借款费用以及应分摊的间接费用等。

(1) 自营方式。通过自营方式建造的固定资产，其成本包括直接材料、直接人工、直接施工费等。

工程完工达到预定可使用状态后，应将该工程达到预定可使用状态前所发生的必要支出结转，作为固定资产的入账价值。

【例 5-39】 2009 年 1 月，本企业准备自行建造一厂房，为此购进工程物资一批，价款 250 000 元，增值税 42 500 元，以银行存款支付。1—3 月工程全部领用物资，领用生产用原材料一批，实际成本 32 000 元，购买时的增值税进项税额 5 440 元，工程人员薪酬 65 000 元，3 月底厂房交付使用。编制记账凭证如下：

购入工程物资：

借：工程物资　　250 000

　　应交税费——应交增值税（进项税额）　　42 500

　贷：银行存款　　292 500

领用工程物资：

借：在建工程　　250 000

　贷：工程物资　　250 000

领用原材料：

借：在建工程　　32 000

　贷：原材料　　32 000

借：在建工程　　65 000

　贷：应付职工薪酬　　65 000

厂房完工交付使用：

借：固定资产　　347 000

　贷：在建工程　　347 000

(2) 出包方式。在出包方式下，固定资产建造工程支出由承包单位核算，出包企业只需要按出包合同固定向承包单位支付工程价款，并将支付的全部工程价款作为固定资产成本入账即可。

【例 5－40】　本企业以出包方式建造一座厂房，合同总金额 150 000 元。按协议要求于工程开工前支付 100 000 元，剩余工程款于厂房完工后支付，编制记账凭证如下：

按协议预先支付部分工程款：

借：预付账款	100 000	
贷：银行存款		100 000

工程完工验收后补付余款：

借：在建工程	150 000	
贷：银行存款		50 000
预付账款		100 000

计算并结转工程成本：

借：固定资产	150 000	
贷：在建工程		150 000

3. 投资获得固定资产

企业收到投资者转入的固定资产应按各方确认的价格作为入账价值。

【例 5－41】　本企业根据投资各方的投资协议约定，按资产评估确认的价值作为各方投入资本价值的标准。C 股东以一台需要安装的设备作为投资，该设备的评估价格为 160 000 元，安装费用 5 000 元，本企业以银行存款支付。编制记账凭证如下：

C 股东投入设备：

借：在建工程	160 000	
贷：实收资本——C 股东		160 000

本企业支付安装费：

借：在建工程	5 000	
贷：银行存款		5 000

设备安装完成：

借：固定资产	165 000	
贷：在建工程		165 000

4. 盘亏固定资产

在第四章，我们已经讲述过，企业应该定期或不定期地进行财产清查。

当发现有盘亏的固定资产时，应该在会计上进行适当处理。

【例5－42】 某企业年末盘点时，发现一台设备丢失，该设备原价52 000元，已计提折旧20 000元。经查，设备丢失的原因在于保管员看守不当。经批准，由保管员赔偿5 000元。编制记账凭证如下：

（1）发现设备丢失时：

借：待处理财产损溢　　32 000

　　累计折旧　　20 000

　贷：固定资产　　52 000

（2）报经批准后：

借：其他应收款　　5 000

　　营业外支出——盘亏损失　　27 000

　贷：待处理财产损溢　　32 000

（三）固定资产的后续计量（固定资产的折旧）

固定资产作为一种长期资产，其在使用过程中物理形态不会发生大的变化，但会发生一定的物理磨损和精神磨损（即因技术进步而导致的贬值）。企业应该结合固定资产的使用情况，确定其损耗，把其取得成本在使用期间进行分摊，这就是折旧。折旧结果使固定资产的账面价值发生变化，分摊的固定资产成本就是折旧费用。

要准确地确定固定资产的损耗，并分摊到对应期间是一件很困难的事情。因此，我们必须采用一定的方法对固定资产的折旧进行估计。

在确定折旧费用时，应该考虑以下4项因素：（1）固定资产原值；（2）固定资产预计使用寿命；（3）固定资产预计净残值；（4）固定资产使用方式。其中，各期的折旧费用应该尽可能地反映固定资产的使用方式。固定资产的使用方式决定了各期折旧费用的计算方法。

选择折旧方法时应该考虑：固定资产使用效能在其寿命期间内是否保持稳定；固定资产产生未来经济利益的风险如何。

固定资产的折旧方法见表5－11。

表5－11　　固定资产折旧方法

分类标准	折旧方法
折旧是时间的函数	年限平均法、加速折旧法（年数总和法、双倍余额递减法）
折旧是工作量（人工小时、机器小时）的函数	工作量法

下面举例说明年限平均法折旧。

【例 5－43】 本企业 2009 年 12 月 31 日购买了一台机器设备，设备原值 500 000 元，预计使用 5 年（预计工作小时 25 000 小时），预计残值为 20 000元。使用年限平均法（又称直线法）进行折旧，折旧费用的计算过程为：

年折旧额＝（固定资产原值－预计残值）/预计使用年限

＝（500 000－20 000）/5

＝96 000（元）

月折旧额＝年折旧额/12＝96 000/12＝8 000（元）

鉴于固定资产减值的确认与计量比较复杂，故在此不予介绍。

第二节　负债的会计核算

1. 负债的定义

负债是指企业过去的交易或者事项形成的，预期会导致经济利益流出企业的现时义务。

负债在企业内代表的是一项优先求偿权。企业清算时，在偿还债权人权益之前，不得偿付股东。

2. 负债的确认条件

将一项义务确认为负债，需要符合负债的定义，并同时满足以下两个条件：

（1）与该义务有关的经济利益很可能流出企业；

（2）未来流出的经济利益的金额能够可靠地计量。

负债的分类见图 5－2：

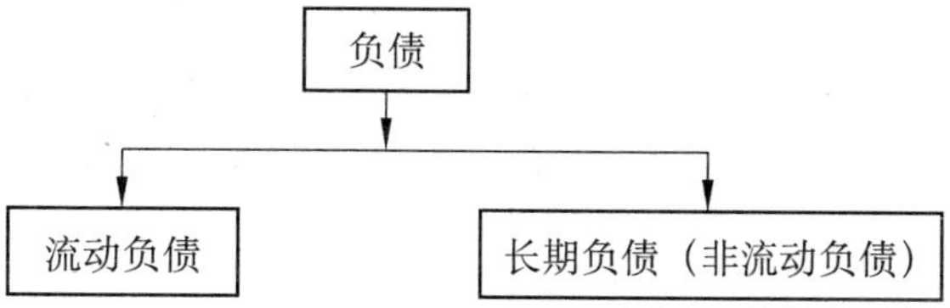

图 5－2　负债的分类

一、流动负债

1. 流动负债的定义

流动负债是指在一年或一个经营周期内必须偿还的负债。

2. 流动负债的组成

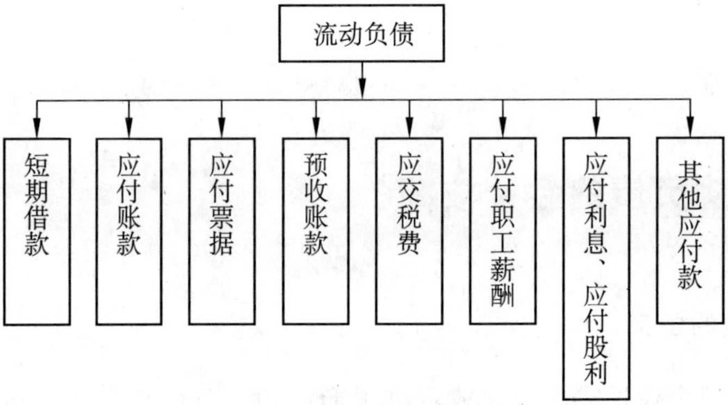

图 5-3　流动负债的组成

3. 流动负债的会计核算

下面按照流动负债的不同类别分别讲述流动负债的会计核算。

（1）短期借款。

短期借款是指企业向银行或其他金融机构借入的、偿还期限在一年以内（含一年）的各种借款。企业由于季节性生产、债务到期偿还债务或者企业经营资金出现暂时周转困难等原因导致企业资金不足时，为了满足正常经营的需要而向银行或其他金融机构申请贷款。短期借款的核算一般包括以下三项内容：取得短期借款时的核算；短期借款的利息的核算；归还短期借款的核算。

【例 5-44】　本企业因生产需要，2009 年 1 月 1 日向银行借入 50 000 元，为期 3 个月，年利率 6%，到期一次还本付息。编制记账凭证如下：

①取得借款

借：银行存款	50 000	
贷：短期借款		50 000

②2009 年 1 月 31 日，计提利息

借：财务费用　　250

　贷：应付利息　　250（6%/12×50 000）

2009 年 2 月、3 月利息计提的会计处理与 1 月相同。

③2009 年 3 月 31 日，归还借款本金和所有利息

借：应付利息　　750

　　短期借款　　50 000

　贷：银行存款　　50 750

（2）应付账款。

应付账款是企业在购买材料、商品或接受劳务时，由于未及时付款而产生的负债。这种负债产生的原因是交易时间和付款时间不同，即不是“一手交钱，一手交货”。之所以这样，有两方面原因，一是本企业与其他企业之间有长期合作关系，由于相互信任而存在尚未结清款项；二是由于某种原因企业暂时不能支付该款项。

一般在实务中，“应付账款”的会计核算以取得发票时间作为入账确认时间。该科目按债权人的不同设置明细科目进行明细核算。

【例 5－45】　本企业于 2009 年 8 月 5 日由上海天鸿公司购进材料一批，增值税专用发票价款为 5 000 元，增值税额为 850 元，材料验收入库，款项尚未支付。付款条件为“2/10，N/30”（即现金折扣给予的信用期限为 30 天，如果在 10 天内付款，给予不含税金额 2% 的折扣；如果 10 天后付款，不享受折扣；30 天内必须付款），根据发票和入库单编制记账凭证如下：

借：原材料　　5 000

　　应交税费——应交增值税（进项税额）　　850

　贷：应付账款——上海天鸿　　5 850

如果 2009 年 9 月 5 日以电汇方式支付货款，编制记账凭证如下：

借：应付账款——上海天鸿　　5 850

　贷：银行存款　　5 850

如果 2009 年 8 月 15 日支付货款，16 日对方货款到账，编制记账凭证如下：

借：应付账款——上海天鸿　　5 850

　贷：银行存款　　5 750

　　　财务费用　　100

对于上海天鸿公司而言，就应该确认应收账款，按总价法确认，详细内

容可参见本章第一节第三部分“应收账款”。

（3）应付票据。

应付票据是企业由于购买材料、商品或接受劳务等而开出、承兑的商业汇票，包括商业承兑汇票和银行承兑汇票。应付票据可以分为不带息票据和带息票据，分别进行核算。

①不带息票据。

不带息是指债务人到期还款时，只偿还面值金额，即票据到期值等于面值。

【例5-46】 本企业由天地公司购材料一批，货款5 000元，增值税850元，材料已验收入库，交给天地公司一张已承兑的商业汇票，期限三个月。根据增值税发票编制记账凭证如下：

开具商业承兑汇票时：

借：原材料 5 000

应交税费——应交增值税（进项税额） 850

贷：应付票据 5 850

应付票据到期时：

借：应付票据 5 850

贷：银行存款 5 850

②带息票据。

带息票据是指债务人到期还款时，除了偿还面值金额外，同时还要偿还按面值和票面利率计算的利息，即票据到期值等于面值加利息。

【例5-47】 本企业9月1日由天地公司购一批材料，货款5 000元，增值税850元，材料已验收入库，交给天地公司一张已承兑的商业汇票，期限三个月，票面年利率为10%。根据增值税发票编制记账凭证如下：

开具商业承兑汇票时：

借：原材料 5 000

应交税费——应交增值税（进项税额） 850

贷：应付票据 5 850

9月30日计提利息：

借：财务费用 48.75

贷：应付票据 48.75

10月31和11月30日计提利息同9月30日。

应付票据到期：

借：应付票据 5 996.25

　贷：银行存款 5 996.25

对于天地公司而言，就应该确认应收票据，详细内容可参见本章第一节第三部分“应收票据”。

（4）预收账款。

预收账款是指企业按照合同规定向购货单位预收的款项。该款项产生一项负债，需要用商品或劳务来偿还。如果企业的预收账款情况不多，可以通过应收账款科目核算，记入“应收帐款”科目贷方。

【例 5－48】 本企业于2009年9月销售给天津双环一批产品，增值税发票中的价款为90 000元，增值税额15 300元。按照合同规定，对方在尚未收到发票及货物的情况下先预付货款50 000元，收到商品后再结清全部货款。编制记账凭证如下：

①企业收到预付款时：

借：银行存款 50 000

　贷：预收账款 50 000

②开具发票发出货物时：

借：预收账款 50 000

　　应收账款 55 300

　贷：主营业务收入 90 000

　　　应交税费——应交增值税（销项税额） 15 300

③收到余款：

借：银行存款 55 300

　贷：应收账款 55 300

（5）应交税费。

应交税费是指企业在经营过程中根据税法的规定应向税务机关缴纳的税费。税费按其征税对象不同，分为流转税、所得税和其他税种。流转税是对从事商品生产、销售，以及提供劳务的企业，按营业收入计算征收的税金，包括增值税、消费税、营业税。所得税是对企业按税法计算的所得额征收的税金，包括个人所得税和企业所得税。其他税种包括城市维护建设税、房产税、土地增值税、车船使用税、资源税、印花税等。企业不需要预计应交数的税费不在该科目核算，如印花税、耕地占用税等。

①增值税的核算。

增值税的核算分一般纳税人和小规模纳税人分别进行介绍。

一般纳税人与小规模纳税人的区分以及二者计算税费的不同分别见表 5－12、表 5－13。

表 5－12　　一般纳税人与小规模纳税人区分

单位：万元

一般纳税人		小规模纳税人	
货物生产或提供应税劳务	货物批发或零售	货物生产或提供应税劳务	货物批发或零售
销售额＞100	销售额＞180	销售额＜100	销售额＜180

表 5－13　　税费的区别

	一般纳税人	小规模纳税人
适用税率	17%、13%、0	3%
应纳增值税的计算	本期销项税额－本期进项税额	不含税销售额×税率
销项税额的计算	本期销售额×适用税率	不计算
进项税额的计算	（一）从销售方取得的增值税专用发票上注明的增值税额。 （二）从海关取得的海关进口增值税专用缴款书上注明的增值税额。 （三）购进农产品，除取得增值税专用发票或者海关进口增值税专用缴款书外，按照农产品收购发票或者销售发票上注明的农产品买价和13%的扣除率计算的进项税额。进项税额计算公式： 进项税额＝买价×扣除率 （四）购进或者销售货物以及在生产经营过程中支付运输费用的，按照运输费用结算单据上注明的运输费用金额和7%的扣除率计算的进项税额。进项税额计算公式： 进项税额＝运输费用金额×扣除率	不计算
进项税是否可以抵扣	可以	不可以

1）一般纳税人增值税的会计核算。

【例 5－49】 本企业由东华公司购原材料一批，增值税专用发票上注明价款为 10 000 元，增值税额为 1 700 元，以支票支付货款，货物已验收入库。编制凭证如下：

借：原材料　　10 000

　　应交税费——应交增值税（进项税额）　　1 700

　贷：银行存款　　11 700

该原材料经过加工生产全部销售，增值税专用发票上价款为 15 000 元，增值税额为 2 550 元，货款已收到，产品已发出。编制凭证如下：

借：银行存款　　17 550

　贷：主营业务收入　　15 000

　　　应交税费——应交增值税（销项税额）　　2 550

应纳增值税 = 销项税额 − 进项税额 = 2 550 − 1 700 = 850（元）

2）小规模纳税人增值税的会计核算。

【例 5－50】　本企业（小规模纳税人）由东华公司购原材料一批，增值税普通发票（不能用于抵扣销项税额）上注明价款 10 000 元，增值税额 1 700元，以支票支付货款，货物已验收入库。编制记账凭证如下：

借：原材料　　11 700

　贷：银行存款　　11 700

该原材料经过加工生产全部销售，增值税普通发票上价款 15 000 元，增值税额 450 元（应纳增值税 = 不含税销售额 × 税率，450 = 15 000 × 3%），货款已收到，产品已发出。编制记账凭证如下：

借：银行存款　　15 450

　贷：主营业务收入　　15 000

　　　应交税费——应交增值税　　450

②营业税的核算。

营业税是对提供应税劳务、出售无形资产或者销售不动产的单位和个人征收的一种税。应税劳务是指属于交通运输业、建筑业、金融保险业、邮电通信业、文化体育业、娱乐业、服务业税目征收范围的劳务（以下称应税劳务）。加工和修理、修配，不属于应税劳务。

营业税的计算公式为：

应纳营业税 = 营业额 × 营业税税率

【例 5－51】　本企业转让一项无形资产，账面余额 100 000 元，累计已摊销 10 000 元，双方协商价为 150 000 元，款已存入银行，营业税税率 5%，编制记账凭证如下：

借：银行存款　　150 000

　　累计摊销　　10 000

　贷：无形资产　　100 000

　　　应交税费——应交营业税　　7 500

　　　营业外收入　　52 500

③所得税的核算。

所得税包括企业所得税和个人所得税。

企业所得税是国家对企业的生产经营所得和其他所得征收的一种税。

应纳所得税额 = 应纳税所得额 × 所得税税率

应纳税所得额（应税利润）并非会计利润（利润表中的利润总额），因为会计利润是按会计政策计算获得的，应纳税所得额是按照税法规定计算的，这两者是不相同的。

（6）应付职工薪酬。

职工薪酬是指企业为获得职工提供的服务和劳动而给予各种形式的报酬及其他相关支出，包括职工在职期间和离职后提供给职工的全部货币性薪酬和非货币性福利。企业提供给职工配偶、子女或其他被赡养人的福利等，也属于职工薪酬。具体内容见表 5 – 14：

表 5 – 14　　职工薪酬的内容及核算

项目	内容	核算
职工工资、奖金、津贴和补贴	企业按规定支付的加班工资，企业在职工因病、工伤、产假等特殊情况下，按比例支付的工资，也属于职工工资范畴，在职工休假或缺勤时，不应当从工资总额中扣除	本企业 8 月职工薪酬总额为100 000元，其中：生产工人工资60 000元，车间管理人员工资 10 000 元，厂部管理人员工资 15 000 元，销售人员工资 15 000 元，计提 8 月份工资，编制记账凭证如下： 借：生产成本　60 000 　　制造费用　10 000 　　管理费用　15 000 　　销售费用　15 000 　贷：应付职工薪酬　100 000 下月初支付工资，编制记账凭证如下： 借：应付职工薪酬　100 000 　贷：银行存款　100 000
职工福利费	职工福利费，是指为职工提供的福利，为补助职工食堂、生活困难等从成本费用中提取的金额	（略）
社会保险费	五险：医疗保险费、养老保险费（包括基本养老保险费和补充养老保险费）、失业保险费、工伤保险费和生育保险费等社会保险费	（略）

续表

项目	内容	核算
住房公积金	住房公积金，是指企业按照规定的基准和比例计算，向住房公积金管理机构缴存的住房公积金	
工会经费和职工教育经费	工会经费和职工教育经费，是指企业为了改善职工文化生活，提高职工业务素质用于开展工会活动和职工教育及职业技能培训，根据规定的基准和比例，从成本费用中提取的金额	（略）
非货币性福利	非货币性福利是指企业以自产产品或外购商品发放给职工作为福利，将自己拥有的资产无偿提供给职工使用，为职工无偿提供医疗保健服务等	本企业决定为5位副总裁各租赁一套住房免费使用，每套月租金4 500元，确认房屋租金时编制记账凭证如下： 借：管理费用 22 500 贷：应付职工薪酬 22 500 借：应付职工薪酬 22 500 贷：银行存款 22 500

应付职工薪酬还包括辞退福利、股份支付等。

（7）其他应付款。

其他应付款是指除了应付票据、应付账款、预收账款、应付职工薪酬、应付利息、应付股利、应交税费、长期应付款等以外的其他各项应付、暂收的款项。

【例5－52】 本企业出租包装箱给远洋公司并收到其押金2 000元，存入银行。当远洋公司归还包装箱时，归还其押金2 000元。编制记账凭证如下：

收到押金时：

借：银行存款 2 000

　贷：其他应付款——押金 2 000

归还押金时：

借：其他应付款——押金 2 000

　贷：银行存款 2 000

二、长期负债

1. 长期负债的定义

长期负债是指偿还期在一年或者超过一个营业周期以上的债务。

2. 长期负债的组成

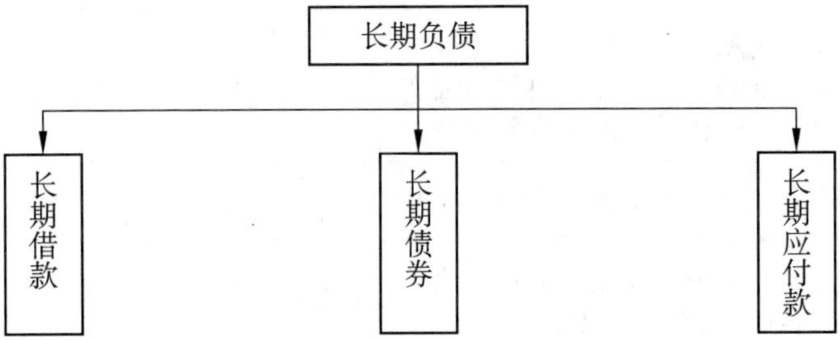

图 5-4　长期负债的组成

3. 长期负债的会计核算

表 5-15　长期负债会计核算案例

	定义	核算举例
长期借款	长期借款是指企业向银行或其他金融机构借入、偿还期限在一年以上的各种借款	本企业 2007 年 1 月 1 日由银行借入 100 万元，期限为 2 年，假定年利率为 8%，分期付息到期还本。编制凭证如下： 取得借款时： 借：银行存款　1 000 000 贷：长期借款　1 000 000 2007 年 12 月 31 日计算利息： 借：财务费用　80 000 贷：应付利息　80 000 2009 年 1 月 1 日支付利息： 借：应付利息　80 000 贷：银行存款　80 000 2009 年 12 月 31 日计算利息同 2007 年 12 月 31 日。 2009 年 1 月 1 日还本付息： 借：应付利息　80 000 长期借款　1 000 000 贷：银行存款　1 080 000
应付债券	债券是指发行人对持有人支付本金和利息的书面承诺	（略）
长期应付款	长期应付款是指企业除长期借款和应付债券以外的其他各种长期应付款项，包括应付融资租入固定资产的租赁费、以分期付款方式购入固定资产等发生的应付款项	（略）

第三节　所有者权益的会计核算

一、所有者权益的定义与分类

所有者权益也称产权或资本，是企业投资者对企业净资产的所有权，是企业资产扣除负债后由所有者享有的剩余权益。公司的所有者权益又称为股东权益。所有者权益包括实收资本（或者股本）、资本公积、盈余公积、未分配利润等。

二、实收资本

投入资本是股东或其他人提供给公司的资本，由股本（或实收资本）和资本公积（其中的股本或实收资本之溢价）两部分构成。股本（或实收资本）是公司的法定资本，未经一定的增减手续，不得以任何形式减少或退回，以保障债权人的利益。

【例 5－53】　本企业由甲、乙、丙三个公司共同投资，注册资本为 30 万元，甲公司投资比例为 60%，乙公司投资比例为 20%、丙公司投资比例为 20%。甲、乙、丙公司投入资本分别为 18 万元、6 万元、6 万元，各投资者款项已一次缴足。编制记账凭证如下：

借：银行存款	300 000	
贷：实收资本——甲公司		180 000
实收资本——乙公司		60 000
实收资本——丙公司		60 000

【例 5－54】　本企业（股份公司）发行普通股 200 万股，每股面值 1 元，每股发行价格 3 元。假定股票的发行成功，股款 600 万元已全部收到。不考虑发行过程中税费等因素，编制记账凭证如下：

借：银行存款	6 000 000	
贷：股本		2 000 000
资本公积——股本溢价		4 000 000

（注意上面两例中实收资本的叫法不一样）

三、资本公积

资本公积是指由投资者或其他人（或单位）投入，所有权归属于投资，但不构成实收资本的那部分资本或者资产，资本公积包括资本（或股本）溢价和直接计入所有者权益的利得和损失等。资本（或股本）溢价是企业收到投资者的超出其在企业注册资本（或股本）中所占份额的投资（见上例）。

四、留存收益

留存收益是企业历年剩余的净收益累计而形成的资本，也可以称为累积收益。留存收益包括盈余公积和未分配利润两部分。

1. 盈余公积

公司制企业的盈余公积包括法定盈余公积和任意盈余公积。

盈余公积的计提和用途：（1）法定盈余公积按照税后利润的10%提取（非公司制企业也可按照超过10%的比例提取），法定盈余公积累计额已达注册资本的50%时可以不再提取。注意在计算提取法定盈余公积的基数时，不应包括企业年初未分配利润。（2）盈余公积经批准可用于弥补亏损、转增资本、扩大生产经营等。

【例5－55】 本企业本年实现净利润为100万元，年初无未分配利润。经股东大会批准，按照当年净利润的10%提取法定盈余公积。假定不考虑其他因素，编制记账凭证如下：

借：利润分配——提取法定盈余公积　　100 000

　贷：盈余公积——法定盈余公积　　100 000

【例5－56】 因扩大经营规模需要，经股东大会批准，本企业将盈余公积80 000元转增资本。假定不考虑其他因素，编制记账凭证如下：

借：盈余公积　　80 000

　贷：股本　　80 000

2. 未分配利润

未分配利润是企业实现的净利润经过弥补亏损、提取法定盈余公积、提取任意盈余公积和向投资者分配利润之后留待以后年度进行分配的历年结存的利润。相对于所有者权益的其他部分来说，企业对于未分配利润的使用有较大的自主权。

第四节　收入、费用和利润的会计核算

一、收入

（一）收入的定义

收入，是指企业在日常活动中形成的、会导致所有者权益增加的、与所有者投入资本无关的经济利益的总流入。包括销售商品收入、提供劳务收入、让渡资产使用权收入和建造合同收入。

收入具有如下特征：

（1）收入是企业日常活动形成的经济利益流入；

（2）收入可能表现为资产的增加或负债的减少，或者二者兼而有之；

（3）收入必然导致所有者权益的增加；

（4）收入不包括所有者向企业投入资本导致的经济利益流入。

（二）收入的确认方法

收入的确认首先必须符合收入的定义和特征，收入的确认和计量应根据不同性质的收入分别进行。

1. 销售商品收入的确认

销售商品收入的确认要同时满足如下条件：

（1）企业已将商品所有权上的主要风险和报酬转移给购货方。

（2）企业既没有保留通常与所有权相联系的继续管理权，也没有对已售出的商品实施有效控制。

（3）收入的金额能够可靠地计量。

（4）相关的经济利益很可能流入企业。

（5）相关的已发生或将发生的成本能够可靠地计量。

2. 提供劳务收入的确认

提供劳务收入的确认要分以下两种情况：

（1）提供劳务交易的结果能够可靠地估计：①收入的金额能够可靠地计量。②相关的经济利益很可能流入企业。③交易的完工进度能够可靠地确定。④交易中已发生和将发生的成本能够可靠地计量。

（2）提供劳务交易的结果不能够可靠地估计：①如果已经发生的劳务成本预计能得到补偿，应当将已经发生的劳务成本金额确认提供劳务收入，并按相同金额结转劳务成本。②如果已经发生的劳务成本预计只能部分得到补偿，应当将能够得到补偿的劳务成本金额确认提供劳务收入，并按相同金额结转劳务成本。③如果已经发生的劳务成本预计全部不能得到补偿，应当将已经发生的劳务成本计入当期损益，不确认提供劳务收入。

3. 让渡资产使用权收入的确认

让渡资产使用权收入的确认要同时满足如下条件：

（1）相关的经济利益很可能流入企业；

（2）收入的金额能够可靠地计量 。

4. 建造合同收入的确认

建造合同收入的确认要分以下两种情况：

（1）建造合同的结果能够可靠地估计：①合同总收入能够可靠地计量。②与合同相关的经济利益很可能流入企业。③实际发生的合同成本能够清楚地区分和可靠地计量。④合同完工进度和为完成合同尚需发生的成本能够可靠地确定。

（2）建造合同的结果不能可靠地估计：①合同成本能够收回，合同收入根据能够收回的实际合同成本加以确认，在其发生的当期确认为合同费用。②合同成本不可能收回的，在发生时立即确认为合同费用，不确认合同收入。

（三）销售商品的收入核算

1. 一般销售商品业务处理

企业在销售商品时，有时会遇到现金折扣、商业折扣、销售折让等问题，应区分不同情况进行处理，包括现金折扣、商业折扣、销售折让和销售退回。下面就现金折扣、销售折让、销售退回的收入的会计计量举例说明。

（1）现金折扣。

现金折扣是指债权人为鼓励债务人在规定的期限内付款而向债务人提供的债务扣除。现金折扣的目的是鼓励债务人在规定的期限内尽快付款。

【例5－57】　本企业向天地公司赊销一批产品，合同约定的销售价格为100 000元，增值税额为17 000元。本公司开出发票并发出产品。根据合同规定，账款赊销期限为30天，现金折扣为“1/20，N/30”，计算现金折扣时不包括增值税。编制记账凭证如下：

①赊销产品时：

借：应收账款——天地公司　　117 000

　贷：主营业务收入　　100 000

　　　应交税费——应交增值税（销项税额）　　17 000

②假定天地公司在20天内付款时：

借：银行存款　　116 000

　　财务费用　　1 000

　贷：应收账款——天地公司　　117 000

③假定天地公司超过20天付款，不能得到现金折扣：

借：银行存款　　117 000

　贷：应收账款——天地公司　　117 000

（2）销售折让。

销售折让是指企业因售出商品的质量不合格等原因而在售价上给予的减让。

【例5－58】　2009年12月15日，本企业向大华公司销售一批产品，价格20 000元，增值税3 400元。产品生产成本15 000元。大华公司在验收商品时发现产品质量存在问题，要求本公司给予15%的价格折让。编制记账凭证如下：

①收到货款，开具发票及发出商品：

借：银行存款　　23 400

　贷：主营业务收入　　20 000

　　　应交税费——应交增值税（销项税额）　　3 400

借：主营业务成本　　15 000

　贷：库存商品　　15 000

②验收后要求给予价格折让，并退回多收货款：

借：主营业务收入　　3 000
　　应交税费——应交增值税（销项税额）　　510
　贷：银行存款　　3 510

（3）销售退回。

销售退回是指企业售出的商品由于质量、品种不符合要求等情况而发生退货。

①发生销售时，企业尚未确认收入。

【例5-59】 本企业2009年1月15日销售给天地公司一批产品，产品生产成本为18 000元，销售价格为30 000元，增值税为5100元。发票尚未开具，根据合同约定，天地公司对产品验收无误后再付款，天地公司在验收时，发现产品质量存在问题，要求退货。编制记账凭证如下：

发出产品时

借：发出商品　　18 000
　贷：库存商品　　18 000

天地公司要求退货时

借：库存商品　　18 000
　贷：发出商品　　18 000

②发生销售时，企业已确认销售收入。

【例5-60】 本企业2009年1月15日销售给天地公司一批产品，产品生产成本为18 000元，销售价格为30 000元，增值税为5100元。合同约定采用托收承付结算方式，天地公司对产品验收时，发现产品质量存在问题，要求退货，本企业于2009年1月28日为其办理退货。编制记账凭证如下：

销售商品时

借：应收账款——天地公司　　35 100
　贷：主营业务收入　　30 000
　　　应交税费——应交增值税（销项税额）　　5 100

借：主营业务成本　　18 000
　贷：库存商品　　18 000

发生退货时

借：主营业务收入　　30 000
　　应交税费——应交增值税（销项税额）　　5 100
　贷：应收账款——天地公司　　35 100

借：库存商品 18 000
　贷：主营业务成本 18 000

2. **特殊销售商品业务的处理**

（1）售后回购的收入确认。

【例5-61】 本企业于2009年5月1日销售一批成本为80 000元的商品给优锐公司，增值税专用发票上的价款100 000元，增值税额为17 000元。商品已发出，款项已全部收到。销售协议中同时规定，本企业应于9月30日以110 000元将该商品收回。编制记账凭证如下：

这项交易的经济实质是本企业将商品作为抵押，向优锐公司借款100 000元，借款利息为10 000元，借款期限5个月。

借：银行存款 117 000
　贷：其他应付款 100 000
　　　应交税费——应交增值税（销项税额） 17 000
借：发出商品 80 000
　贷：库存商品 80 000

5月—9月，每月末计提利息费用

借：财务费用 2 000
　贷：其他应付款 2 000

回购时

借：其他应付款 110 000
　　应交税费——应交增值税（进项税额） 18 700
　贷：银行存款 128 700
借：库存商品 80 000
　贷：发出商品 80 000

（2）附有退货条款的收入确认。

企业根据以往的经验，能够合理预计可能性且确认与退货相关负债的，通常应在发出商品时确认收入；企业不能合理预计退货可能性的，通常应在售出商品退货期满时确认收入。在现实的市场经济环境下，有一些行业习惯上允许客户在规定的时间内退回所购买的货物，典型的如图书出版业、某些玩具和运动用品制造业、音像出版业等。

【例5-62】 本企业是一家健身器材销售公司。2009年1月1日向天美公司销售一批健身器材5 000件，单位销售价格500元，单位成本400元，开出的增值税专用发票上注明的销售价格为 2 500 000 元，增值税税额 425 000元。协议约定，天美公司应于2月1日之前付款，在6月30日前有权退回健身器材。健身器材已经发出，款项尚未收到。假定本企业根据以往经验，估计退货率20%，实际发生销售退回时有关的增值税额允许冲减。编制记账凭证如下：

①发出健身器材：

借：应收账款　　2 925 000

　贷：主营业务收入　　2 500 000

　　　应交税费——应交增值税（销项税额）　　425 000

借：主营业务成本　　2 000 000

　贷：库存商品　　2 000 000

②1 月 31 日，估计销售退回：

借：主营业务收入　　500 000

　贷：主营业务成本　　400 000

　　　应付账款　　100 000

③2 月 1 日前收到货款时：

借：银行存款　　2 925 000

　贷：应收账款　　2 925 000

④6 月 30 日，发生销售退回，实际退货 1000 件，款项已经支付：

借：库存商品　　400 000

　　应交税费——应交增值税（销项税额）　　85 000

　　应付账款　　100 000

　贷：银行存款　　585 000

（3）代销商品。

①视同买断方式。

视同买断方式是指由委托方和受托方签定协议，委托方按协议价格收取委托代销商品的货款，实际售价可由受托方自定，实际售价与协议价之间的差额归受托方所有的销售方式。如果委托方和受托方之间的协议明确标明，受托方在取得代销商品后，无论是否能够卖出、是否获利，均与委托方无关，那么委托方和受托方之间的代销商品交易，与委托方直接销售商品给受托方没有实质区别。

【例 5－63】　本企业委托大华公司销售商品 200 件，协议作价 100 元/件，成本为 60 元/件。代销协议约定，大华公司无论是否售出该批商品，无论是否获利，均与本企业无关。增值税发票上增值税额为3 400元。编制记账凭证如下：

借：应收账款——大华公司　　23 400
　贷：主营业务收入　　20 000
　　　应交税费——应交增值税（销项税额）　　3 400

同时结转成本

借：主营业务成本　　12 000
　贷：库存商品　　12 000

②收取手续费方式。

收取手续费方式是指受托方根据所代销的商品数量向委托方收取手续费的销售方式。对于委托方来说，收取的手续费实际上是一种劳务收入。在这种方式下，委托方发出商品时，商品所有权上的主要风险和报酬并未转移给受托方，因此，委托方在发出商品时通常不确认销售商品收入，而应在收到受托方开出的代销清单时确认销售商品收入。

【例5-64】　本企业委托华晨公司销售商品200件，商品已经发出，每件成本60元。合同约定华晨公司应按每件100元对外销售，本企业按销售价的10%向华晨公司支付手续费。华晨公司对外实际销售100件，开出增值税专用发票上注明销售价格10 000元，增值税额1 700元，款项已经收到。本企业收到华晨公司开具的代销清单时，向华晨公司开具了一张相同金额的增值税专用发票。编制记账凭证如下：

①发出商品时：

借：委托代销商品　　12 000
　贷：库存商品　　12 000

②收到代销清单时：

借：应收账款　　11 700
　贷：主营业务收入　　10 000
　　　应交税费——应交增值税（销项税额）　　1 700

借：主营业务成本　　6 000
　贷：委托代销商品　　6 000

借：销售费用　　1 000
　贷：应收账款　　1 000

③收到华晨公司支付的货款时：

借：银行存款　　10 700
　贷：应收账款　　10 700

（四）提供劳务的收入核算

1. 提供劳务交易结果能够可靠估计

在资产负债表日，企业提供劳务交易的结果如果能够可靠地估计，应当采用完工百分比法确认提供劳务收入。

【例5－65】 本企业2009年10月5日承接为客户定制一项软件的业务，工期大约5个月，合同总收入400 000元，增值税68 000元，至当年年底已发生成本220 000元（不考虑进项税额），预收账款300 000元。预计开发完整的软件还将发生成本80 000元。年底经专业测试，软件完工进度为60%。编制记账凭证如下：

①年底确认发生的劳务成本：

借：劳务成本　　220 000
　贷：银行存款　　220 000

借：银行存款　　300 000
　贷：预收账款　　300 000

②按完工百分比法确认收入：

借：预收账款　　280 800
　贷：主营业务收入　　240 000
　　　应交税费——应交增值税（销项税额）　　40 800

借：主营业务成本　　180 000
　贷：劳务成本　　180 000

2. 提供劳务交易结果不能够可靠估计（有关会计处理方法见本节前面的讲述）

【例5－66】 本企业2008年11月1日接受鑫诺公司委托，为其培训一批学员，培训期6个月，当日开学。协议约定，鑫诺公司应向本企业支付的培训费总额为60 000元，分三次等额支付，第一次在开学时预付，第二次在2009年2月1日支付，第三次在培训结束时支付。当日，鑫诺公司预付第一次培训费。2008年年底，本企业得知鑫诺公司经营发生困难，后两次培训费能否收回难以确定。因此，本企业只将已经发生的培训成本30 000元中能够得到补偿的部分20 000元确认为收入，将发生的30 000元成本全部确认为当年费用。编制记账凭证如下：

①收到预付款时：

借：银行存款　　20 000

　贷：预收账款　　20 000

②支付培训讲师工资时：

借：劳务成本　　30 000

　贷：应付职工薪酬　　30 000

③年底确认收入时：

借：预收账款　　20 000

　贷：主营业务收入　　20 000

借：主营业务成本　　30 000

　贷：劳务成本　　30 000

3. 同时销售商品和提供劳务交易

企业与其他企业签订的合同或协议包括销售商品和提供劳务时，销售商品部分和提供劳务部分能够区分且能够单独计量的，应当将销售商品的部分作为销售商品处理，将提供劳务的部分作为提供劳务处理。

销售商品部分和提供劳务部分不能够区分，或虽能区分但不能够单独计量的，应当将销售商品部分和提供劳务部分作为销售商品处理。

【例5－67】　本企业与正大公司签订合同，向正大公司销售一部电梯并负责安装。本企业开出的增值税专用发票上注明的价款合计为1 000 000元，其中电梯销售价格为980 000元，安装费为20 000元，增值税税额为166 600元。电梯的成本为560 000元，电梯安装过程中发生安装费12 000元，均为安装人员薪酬。假定电梯已经安装完成并经验收合格，款项尚未收到，安装工作是销售合同的重要组成部分。编制记账凭证如下：

借：应收账款　　1 146 600

　贷：主营业务收入　　980 000

　　　应交税费——应交增值税（销项税额）　　166 600

借：主营业务成本　　560 000

　贷：库存商品　　560 000

实际发生安装费

借：劳务成本　　12 000

　贷：应付职工薪酬　　12 000

借：应收账款　　20 000

　贷：主营业务收入　　20 000

借：主营业务成本　　12 000
　贷：劳务成本　　12 000

如果无法区分销售价格与安装费用

借：劳务成本　　12 000
　贷：应付职工薪酬　　12 000

借：应收账款　　1 170 000
　贷：主营业务收入　　1 000 000
　　　应交税费——应交增值税（销项税额）　　170 000

借：主营业务成本　　572 000
　贷：库存商品　　560 000
　　　劳务成本　　12 000

（五）让渡资产使用权的收入核算

企业应当按照有关合同或协议约定的收费时间和方法计算确定。不同的使用费收入，收费的时间和方法各不相同。如果合同或协议规定一次性收取使用费，且不提供后续服务的，应当视同销售该项资产一次性确认收入；提供后续服务的，应在合同或协议规定的有效期内分期确认收入。

【例5-68】 本企业向华亿公司转让其商品的商标使用权，约定华亿公司每年年末按年销售收入的10%支付使用费，使用期10年。第一年，华亿公司实现销售收入1 000 000元，第二年，华亿公司销售收入1 500 000元。假定本企业均于每年年末收到使用费，编制记账凭证如下：

①第一年年末：

借：银行存款　　100 000
　贷：主营业务收入　　100 000

②第二年年末：

借：银行存款　　150 000
　贷：主营业务收入　　150 000

本书对建造合同的收入核算不作介绍，与劳务收入有相似之处。

二、费用

（一）费用的定义与特征

费用是指企业在日常活动中发生的、会导致所有者权益减少的、与向所有者分配利润无关的经济利益的总流出。

费用的特征如下：

（1）费用是企业日常活动形成的，并与企业收入实现活动密切相关；

（2）费用最终将会导致企业经济资源的减少或牺牲（资产减少或负债增加）；

（3）费用最终会减少企业的所有者权益。

（二）支出与费用的关系

1. 支出的分类

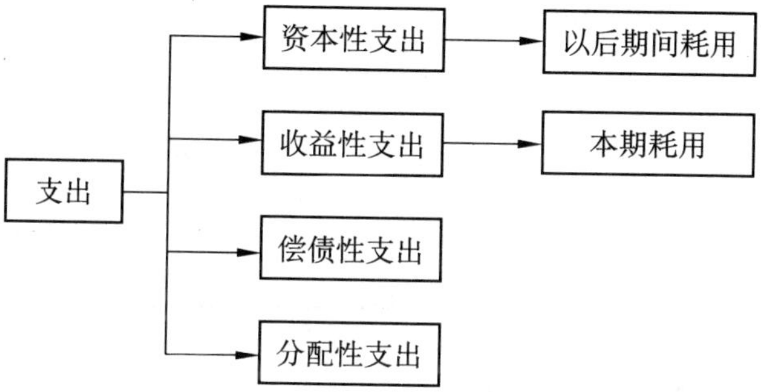

图 5－5　支出的分类

（1）资本性支出即为取得另一项资产而发生的支出；

（2）收益性支出即为取得本期收入而发生的支出；

（3）偿债性支出即为清偿债务而发生的支出；

（4）分配性支出即为向企业所有者分配利润而发生的支出。

2. 支出与费用的关系

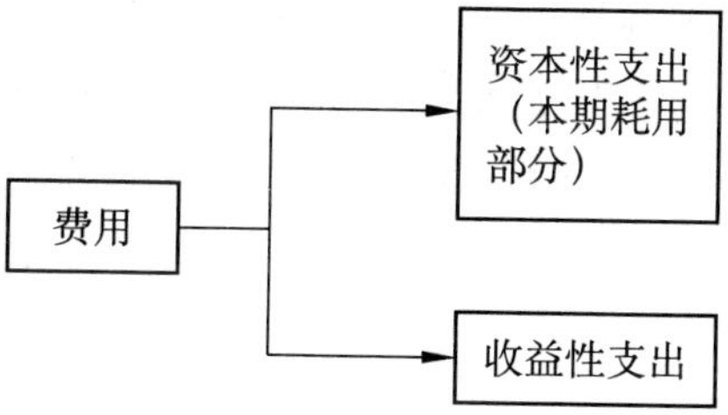

图 5－6　支出与费用的关系

（三）费用的分类

我们可以按照不同标准对费用进行分类，具体内容如表 5－16 所示。

表 5－16　　费用的分类

按费用的经济内容分类	按照费用的经济用途分类	按费用与收入的配比关系分类	按现金支出的方式分类
外购材料； 外购燃料； 外购动力	生产成本（包括直接材料、直接人工、动力和制造费用）	直接配比（如直接人工和直接材料）	费用与现金同时支出
工资； 提取的职工福利费用	销售费用	间接配比（如制造费用）	现金先支出（如购买固定资产后逐步折旧）
折旧费	管理费用	期间配比（如销售费用、管理费用、财务费用）	费用先支出（如月末发本月工资）
利息支出	财务费用		
税费	税费		

（四）费用的确认与计量原则

费用的确认要符合以下两点：一是某项资产的减少或负债的增加，如果不会减少企业的经济利益，就不能作为费用；二是某项资产的减少或负债的增加必须能够准确地加以计量。

在具体的会计实务中，形成了费用确认的一般原则：（1）划分权益性支出与资本性支出原则；（2）权责发生制原则；（3）配比原则。（各原则的含义见第七章第二节。）

费用的计量一般被视为资产价值的减少，通常以实际成本为费用计量标准。费用采用实际成本计量属性来计量，是由于实际成本代表企业获得商品或劳务时的交换价值由交易双方认可，具有客观性和可验证性，从而能够保证会计信息的可靠性。

三、利润

利润是指企业在一定会计期间的经营成果。对于处在正常生产经营活动中的企业来说，如果利润为正，则表明企业的所有者权益将增加，业绩得到了提升；反之如果利润为负，表明企业所有者权益将减少，业绩下滑了。利润是评价企业管理层业绩的一项重要指标，也是投资者、债权人等财务报告使用者进行决策的重要参考，此外它也是对企业经营成果进行分配的重要依据。

有关利润的会计核算见第三章第五节。

第六章

纳税申报

一、国税与地税的区分

我国现行税种共有24个，按照财政分税制的要求，将24个税种按照实际情况划分为中央税、中央与地方共享税、地方税三种。其中，中央税归中央所有，地方税归地方所有，中央与地方共享税分配后分别归中央与地方所有。

为适应分税制的要求，全国税务机关分为国家税务局（简称国税）和地方税务局（简称地税），负责征收不同的税种。国税主要负责征收中央税、中央与地方共享税，地税主要负责征收地方税，它们之间的征收管理分工一般划分如下：

（1）国税局系统：增值税，消费税，车辆购置税等（还包括铁道部门、各银行总行、各保险总公司集中缴纳的营业税、所得税、城市建设维护税，中央企业缴纳的所得税，中央与地方所属企业、事业单位组成的联营企业、股份制企业缴纳的所得税，地方银行、非银行金融企业缴纳的所得税，海洋石油企业缴纳的所得税、资源税，外商投资企业和外国企业所得税，证券交易税，个人所得税中对储蓄存款利息所得征收的部分，中央税的滞纳金、补税、罚款）。

（2）地税局系统：营业税，所得税（地方国有企业、集体企业、私营企业缴纳的），个人所得税等（还包括城市维护建设税，资源税，城镇土地使用税，耕地占用税，土地增值税，房产税，城市房地产税，车船使用税，车船使用牌照税，印花税，契税，地方税的滞纳金、补税、罚款）。

为了加强税收征收管理，降低征收成本，避免工作交叉，简化征收手续，方便纳税人，在某些情况下，国家税务局和地方税务局可以相互委托对方代收某些税收。另外，对于特殊情况，国家税务总局会对某些税种的征收系统，做出特别的安排和调整。

因此，纳税人涉及具体税种应当向哪个税务系统缴纳问题时，还是应当以当地主管国家税务机关和地方税务机关的实际分工及其具体要求为准。

二、纳税申报的方式和内容

纳税人、扣缴义务人的纳税申报或者代扣代缴、代收代缴的税款报告表的主要内容包括：税种、税目、应纳税项目或应代扣代缴、代收代缴的项目，适用税率或单位税额，计税依据，扣除项目及标准，应纳税额或应代扣代缴、代收代缴税款，税款所属期限等。

纳税申报的方式有：直接申报、邮寄申报、电子（数据电文）申报、代理申报。下面简要地介绍下直接申报、电子申报、代理申报。

1. 直接申报

直接申报是指纳税人、扣缴义务人、代征人或其税务代理人在规定的纳税申报期限内到主管税务机关办理纳税申报、代扣代缴、代收代缴税款或委托代征税款报告。

（1）直接到办税服务厅申报；

（2）到巡回征收点申报；

（3）到代征点申报。

2. 电子申报

电子申报指纳税人将纳税申报表及其有关资料所列的信息通过计算机网络传送给税务机关。

（1）微机申报。微机申报主要适用于大中型企业，特别是那些已使用计算机进行财务核算的企业。

（2）专用报税机申报。专用报税机与微机的区别是它的专用性，一般只能用来报税，功能简单、操作方便、成本较低。这种申报方式适用于规模较小的纳税单位。

（3）电话申报。电话申报主要适用于个体工商户。

3. 代理申报

代理申报是指纳税人、扣缴义务人根据法律、行政法规的规定，委托合法税务代理人代为办理纳税申报或者报送代扣代缴、代收代缴税款的报告表。

三、纳税人纳税申报流程引导图

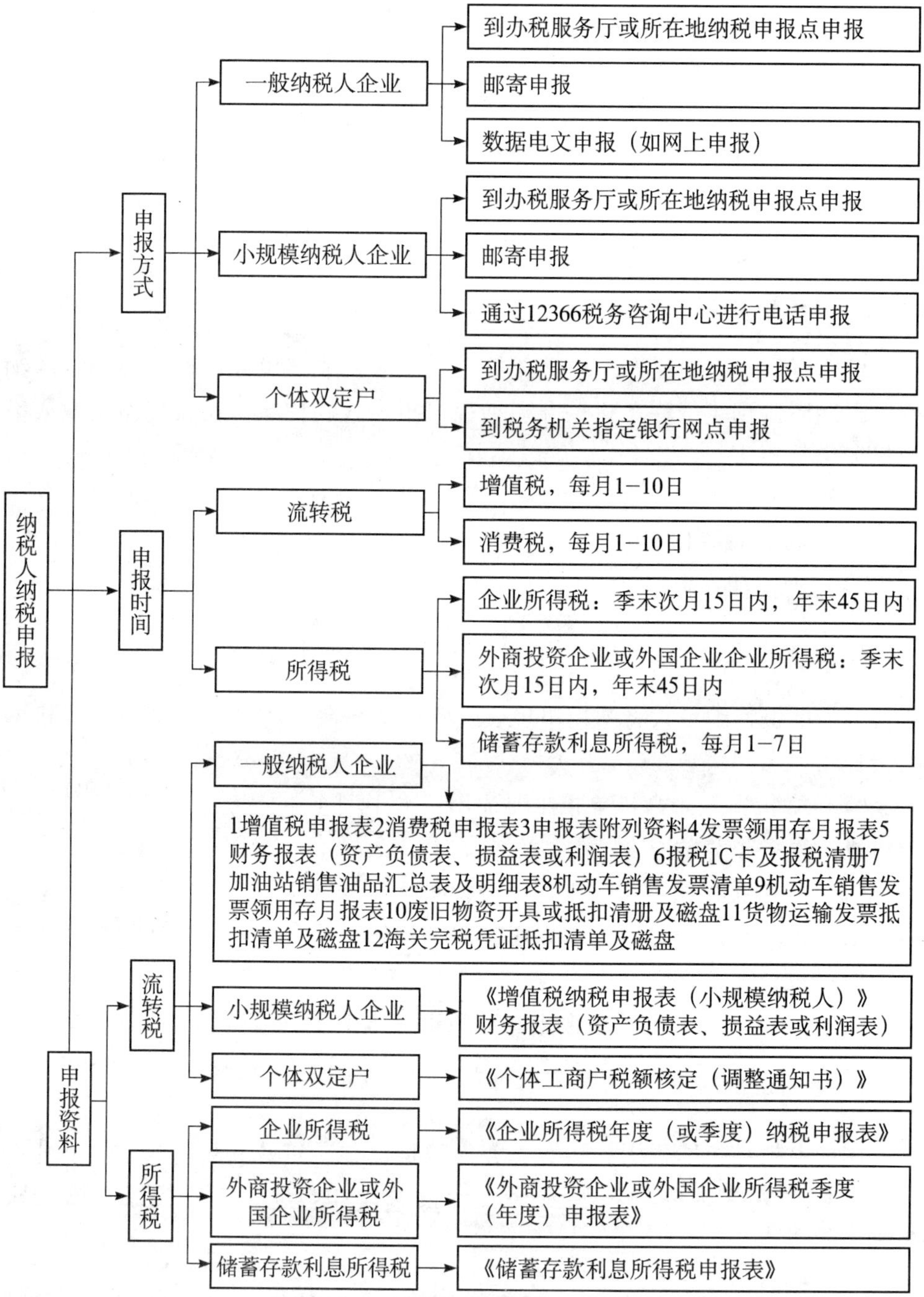

图 6－1　纳税申报流程引导图

四、主要税种比较

下面对主要税种，即增值税、营业税、企业所得税和个人所得税进行比较，见表 6－1。

表 6－1 主要税种的比较

税种	征收对象与税率	纳税人（单位和个人）	作用	计算方法
增值税	增值额；17%、13%	在我国境内销售货物或提供加工、修理修配劳务及进口货物	避免重复征税，有利社会分工和生产专业化	增值税额＝销项税额－进项税额 销项税额＝销售额×适用税率 进项税额＝采购价格×适用税率
	销售额；3%			增值税额＝销售额×适用税率 $销售额=\frac{含税销售额}{1+适用税率}$
营业税	营业额；3%、5%、5%～20%	我国境内从事交通运输、建筑安装、金融保险等服务业	是增加财政收入和调节经济的重要税种	营业税应纳税额＝营业额×适用税率
企业所得税	纯收益额；25%	各种企业及事业单位和社会团体等组织	能使国家参与企业利润分配，正确处理国家和企业分配关系的重要税种	企业所得税税额＝应纳税所得额×25%
个人所得税	个人所得额	在我国境内取得所得的人（无论居住何地）	调节个人收入，增加财政收入	个人所得税税额＝（应纳税所得额－扣除标准）×适用税率－速算扣除数

第七章

会计的提升

（本章的内容，初学者理解不了也没有关系；也可以先不看，待把前面的内容看熟后，再回来看也可以。）

请读者先看例题（本书中的例题为2005—2008年各地会计从业资格考试的真题）：

企业对可能发生的各项资产损失计提资产减值或跌价准备，充分体现了（　　）的要求。

A. 权责发生制　B. 实质重于形式　C. 谨慎性　D. 可靠性

答案：C

在第一章中我们说过会计可以为相关人员提供会计报表和会计信息。这些相关人员包括企业管理人员、企业所有者（比如老板和股东）、债权人（比如银行）、政府（比如税务部门）等。然而，企业提供的会计信息是否对上述人员有用，这也是一个值得关注的问题，因此对企业提供的会计信息质量应该有一定的要求，这就是本章讨论的问题。

前面介绍的会计方法有一定的使用范围，并不是什么地方什么时候都能使用。针对这个问题，我们提出了四个会计基本假设。

第一节　会计假设与信息质量要求

一、会计基本假设

会计基本假设是企业会计确认、计量和报告（包括前面第二、三章的编制会计分录，第四章的编制会计报表）的前提，是对会计核算所处时间、空间环境等所作的合理设定。会计基本假设包括会计主体、持续经营、会计分期和货币计量。

1. 会计主体

会计主体，是指会计为之服务的特定对象，它确立了企业会计确认、计量和报告的空间范围。在会计主体假设下，企业应当对其本身发生的交易或者事项进行会计确认、计量和报告，反映企业本身所从事的各项生产经营活动。明确界定会计主体是开展会计确认、计量和报告工作的重要前提，只有这样才能划定会计所要处理的经济业务的空间范围。

2. 持续经营

持续经营，是指在可以预见的将来，企业将会按当前的规模和状态继续经营下去，不会停业，也不会大规模削减业务。明确这一基本假设，就意味着会计主体将按照既定的用途使用资产，按照既定的合约条件清偿债务，会计人员就可以在此基础上选择会计政策和会计估计方法。前面的各种方法才有意义。

3. 会计分期

会计分期，是指将一个企业持续经营的生产经营活动期间划分为若干生产经营活动期间，划分成连续、相同的期间，据以结算盈亏，按期编报财务报告，从而及时提供有关企业财务状况、经营成果和现金流量的信息。

根据持续经营假设，一个企业将按当前的规模和状态持续经营下去。要想最终确定企业的生产经营成果，只能等到企业在若干年后歇业时核算一次盈亏（等到那时候“黄花菜都凉了”）。但是，无论是企业的生产经营决策者还是投资者、债权人等都需要及时的信息，因此，就必须将企业持续经营的生产经营活动期间划分为若干个连续的、长短相同的期间，分期确认、计量和报告企业的财务状况、经营成果和现金流量。

正是由于会计分期，才出现了权责发生制和收付实现制的区别，进而出现了应收、应付、折旧等会计处理方法，才有结账等概念。

4. 货币计量

货币计量，是指会计主体在进行会计确认、计量和报告时以货币计量，反映会计主体的财务状况、经营成果和现金流量。其他计量单位，如重量、长度、容积等，都只能从一个侧面反映企业的生产经营情况，无法在量上进行汇总和比较，不便于会计计量和经营管理。因此为全面反映企业的生产经营活动和有关交易、事项，会计确认、计量和报告选择货币作为计量单位。

二、会计信息质量要求

会计信息（比如第一章提到的三大会计报表提供的信息）质量要求是对企业财务报告中所提供的会计信息质量的基本要求，是使财务报告中所提供的会计信息对使用者的决策有用所应具备的基本特征。它包括可靠性、相关性、可理解性、可比性、及时性等。

1. 可靠性

可靠性要求企业应当以实际发生的交易或者事项为依据进行会计确认，计量和报告，如实反映符合确认和计量要求的各项会计要素及其他相关信息，保证会计信息真实可靠、内容完整。具体包括以下要求：（1）企业不能以虚构的交易或者事项为依据进行会计确认、计量和报告。（2）企业应当在符合重要性和成本效益原则的前提下，保证会计信息的完整性，不能随意遗漏或者减少应予披露的信息。

2. 相关性

相关性要求企业提供的会计信息应当与财务报告使用者的经济决策需要相关，有助于财务报告使用者对企业过去、现在或者未来的情况作出评价或者预测。会计信息的价值，关键是看其与使用者的决策需要是否相关、是否有助于决策或者提高决策水平。

3. 可理解性

可理解性要求企业提供的会计信息应当清晰明了，便于财务报告使用者理解和使用。企业编制财务报告、提供会计信息的目的在于使用，而使用者能有效地使用会计信息，了解会计信息的内涵，弄懂会计信息的内容，这就要求财务报告所提供的会计信息应当清晰明了，易于理解。只有这样，才能提高会计信息的有用性，实现财务报告的目标，满足为使用者决策提供有用信息的要求。

鉴于会计信息是一种专业性较强的信息产品，因此，在强调会计信息的可理解性要求的同时，还应假定使用者具有一定的有关企业生产经营活动和会计核算方面的知识，并且愿意付出努力去研究这些信息（因此除了会计人员外，管理者看看本书，学点会计，还是应该的）。

4. 可比性

可比性要求企业提供的会计信息应当相互可比，具体包括下列要求：（1）为了便于使用者了解企业财务状况和经营成果的变化趋势，比较企业在不同时期的财务报告信息，从而全面、客观地评价过去、预测未来。会计信息质量的可比性要求同一企业对于不同时期发生的相同或者相似的交易或者事项，应当采用一致的会计政策，不得随意变更。(2) 为了便于使用者评价不同企业的财务状况、经营成果的水平及其变动情况，从而有助于使用者作出科学合理的决策，会计信息质量的可比性还要求不同企业同一会计期间发生的相同或者相似的交易或者事项，应当采用规定的会计政策，确保会计信息口径一致、相互可比（各企业若严格执行有效的会计准则和会计制度，就基本上可以做到这一点）。

5. 及时性

及时性要求企业对于已经发生的交易或者事项，应当及时进行会计确认、计量和报告，不得提前或者延后。会计信息的价值在于帮助使用者作出经济决策，而决策需要果断、及时，因此会计信息具有时效性。即使是可靠、相关的会计信息，如果不及时提供，也就失去了时效性，对于使用者的效用就大大降低，甚至不再具有任何意义。

第二节 财务会计确认计量的原则

为了实现财务会计的目的，规范会计工作，保证会计信息的质量，必须明确财务会计核算的一般原则。会计确认计量的基本原则有历史成本原则、谨慎性原则、配比原则、划分收益性支出与资本性支出原则、实质重于形式原则、重要性原则等。

一、历史成本原则

历史成本原则是指企业的各项财产在取得时应当按照实际成本计量。在我国，企业的资产入账后，除法律、行政法规和国家统一的会计制度另有规定外，企业一律不得自行调整其账面价值。如果当各项财产发生减值，应当按照规定计提相应的减值准备。对资产、负债、所有者权益等项目的计量，企业应当基于交易或事项的实际交易价格或成本，这主要是因为历史成本是资产实际发生的成本，有客观依据，便于查核，也容易确定，比较可靠。

二、谨慎性原则

谨慎性要求企业对交易或者事项进行会计确认、计量和报告时应当保持应有的谨慎，不应高估资产或者收益，低估负债或者费用。

在市场经济环境下，企业的生产经营活动面临着许多风险和不确定性，例如应收款项的可收回性、固定资产的使用寿命、无形资产的使用寿命、售出存货可能发生的退货或者返修等。会计信息质量的谨慎性要求，即需要企业在面临不确定性因素的情况下作出职业判断时，保持应有的谨慎，充分估计到各种风险和损失，既不高估资产或者收益，也不低估负债或者费用。

三、配比原则

配比原则是指企业在进行会计核算时收入与其成本费用应当相互配比，同一会计期间内的各项收入和与其相关的成本费用应当在该会计期间内确认，以真实反映企业当期的经营成果。在会计核算工作中坚持配比原则包括两方面含义：一是因果配比，即将收入与取得该项收入而发生的成本、费用相配比。凡是存在因果关系的收入与费用都应直接配比，如将主营业务收入与主营业务成本相配比，将其他业务收入与其他业务成本相配比。二是时间配比，将一定时期的收入与同期的费用相配比，某些费用项目虽然与收入项目之间不存在明显因果关系但应与发生在同一期间的收入相配比，如将当期的收入与管理费用、财务费用、销售费用等期间费用相配比。

四、划分收益性支出与资本性支出原则

为按配比原则正确确定本期损益，对企业发生的支出，会计人员应根据其性质将其划分为收益性支出与资本性支出。所谓收益性支出是指企业发生的其效益仅与当期有关的各项支出，这种支出直接由当期收入中扣减作为当期费用处理。所谓资本性支出是指企业发生的其效益及于两个或两个以上会计期间的各项支出，这种支出要先计入资产账户，然后按其发挥效益的时间或程度分期予以摊销。企业必须分清收益性支出与资本性支出的界限，如果把收益性支出当做资本性支出去处理就会影响资产价值计算的准确性，同时少计了当期费用，使利润虚增。反之则会减少资产价值，增加费用，减少了当期的盈利。

五、实质重于形式原则

实质重于形式要求企业应当按照交易或者事项的经济实质进行会计确

认、计量和报告，不应仅以交易或者事项的法律形式为依据。如果企业仅仅以交易或者事项的法律形式为依据进行会计确认、计量和报告，那么就容易导致会计信息失真。

在实务中，交易或者事项的法律形式并不总能完全真实地反映其实质内容。所以，会计信息要想反映其所应反映的交易或者事项，就必须根据交易或者事项的实质和经济现实来进行判断，而不能仅仅根据它们的法律形式。例如：企业以融资租赁方式租入固定资产，虽然从法律形式来讲，企业并不拥有其所有权，但是由于租赁合同中规定的租赁期相当长，接近于该资产的使用寿命，租赁期结束时承租企业有优先购买该资产的选择权，在租赁期内承租企业有权支配该资产并从中受益等。所以，从其经济实质来看，企业能够控制融资租入固定资产所创造的未来经济利益，因此，在进行会计确认、计量和报告时，应当将以融资租赁方式租入的固定资产视为企业的资产，反映在企业的资产负债表上。

六、重要性原则

重要性要求企业提供的会计信息应当反映与企业财务状况、经营成果和现金流量有关的所有重要交易或者事项。企业会计信息的省略或者错报会影响使用者据此作出经济决策的，该信息就具有重要性。重要性的应用需要依赖职业判断，企业应当根据其所处环境和实际情况，从项目的性质和金额大小两方面来判断其重要性。

第三节 该找工作了！

学习会计知识，最终目的还是想从事会计工作，找一份会计工作。因此在这里再唠叨下会计职业的问题。

读者要想从事会计工作，首先必须取得会计从业资格，也就是会计证。关于会计资格的取得问题，我国《会计从业资格管理办法》专门做出相关规定。该办法第七条规定，“会计从业资格的取得实行考试制度。申请取得会计从业资格的人员，除具备本办法第八条规定的条件外，应当按照规定参加会计从业资格考试。被吊销会计从业资格证书的人员，符合重新申请取得会计从业资格条件的，均须参加会计从业资格考试。”该办法第八条规定，“具备教育部门认可的中专（含中专）以上会计类专业学历且符合本办法第六条规定的人员，自毕业之日起两年内（含两年）可以直接申请取得会计从业资格，不参加会计从业资格考试；超过两年未取得会计从业资格的，必须通过参加会计从业资格考试取得会计从业资格。”

具体考试科目和考试时间，读者可以向相关部门咨询和了解，在各地财政部门网站以及会计相关网站上也有相关通知，读者也可以去查询。

会计领域是一个快速发展的领域，相关的知识在不断地更新，读者一旦决定从事这个行业，需要不断地增长自己的知识（比如，通过考试取得更高级别的会计专业技术资格）。当然会计工作是一个实践性很强的工作，读者在加强书本知识的同时，更需要在实践中多提高自己的实际工作能力，多思考，多请教，做到学以致用。

不要局限自己的“视野”，除了“借贷知识”，要多了解一些国内国外的经济走势、管理知识，并从中找出财务管理的发展方向。不要把自己仅仅看成是记账人，要成为业务上的顾问和咨询师，以自己的分析判断和专业能力为企业增添价值。

不要刚刚上班不久就忙着找下一份工作，因为在这一阶段，往往自身对于社会还没有一个完整清晰的认识，并不了解自己该向何处发展。其实对刚走上工作岗位不久的人来说，无论在哪里工作，都有很多他们可以学到的东西。可能是专业知识的实际运用，可能是软件的操作，可能是一些内部管理制度，也可能是同事的为人处事的方法。

也许有人会因为一时间不适应人际环境而想换一个公司。可是你想过没有，如果你连人际交往这门课程都没有及格，到了下一家公司，如果遇到相同的情况，难道还是靠逃跑来解决吗？面对问题，并且用自己的方法来解决问题，本身也是一种学习的过程。